24.12.00

Schöne
Weihnachten

wünscht dir

deine Bärbel

Carlo M. Cipolla
Gezählte Zeit

»L'Homme machine« von Lametrie, 1748

CARLO M. CIPOLLA

Gezählte Zeit

WIE DIE MECHANISCHE UHR
DAS LEBEN VERÄNDERTE

Aus dem Italienischen von
Friederike Hausmann

Verlag Klaus Wagenbach   Berlin

Die Originalausgabe erschien unter dem Titel *Le macchine del tempo*
bei Società editrice il Mulino, Bologna.

Wagenbachs Taschenbuch 343
Neuausgabe 1999

© 1997 und 1999 für die deutsche Ausgabe Verlag Klaus Wagenbach, Ahorn-
straße 4, 10787 Berlin. Umschlaggestaltung von Groothuis+Malsy unter
Verwendung eines Motivs von Dianna Sarto (© Tony Stone Bilderwelten).
Das Karnickel auf Seite 1 zeichnete Horst Rudolph. Gesetzt aus der Korpus
Janson von der Offizin Götz Gorissen, Berlin. Gedruckt auf chlor- und säure-
freiem Papier und gebunden durch die Druckerei Wagner, Nördlingen.
Printed in Germany. Alle Rechte vorbehalten
ISBN 3 8031 2343 7

Vorwort

Unter Historikern, die sich mit der Geschichte der Technik befassen, gilt die Antike als eine lange Phase technologischer Stagnation. Im Mittelalter dagegen wurden in Europa bedeutende Fortschritte erzielt.

Die technologische Stagnation der Antike ist nur zu verstehen im Rahmen des antiken Menschenbildes und der Vorstellungen über die menschliche Erfindungsgabe und die Technik als ihr Produkt. Mythen und Anekdoten bringen in dieser Hinsicht einhellig Zweifel, Argwohn und Ambivalenz zum Ausdruck. Technischer Fortschritt wurde zwar als Träger mehr oder weniger zweifelhafter materieller Vorteile betrachtet, aber auch gefürchtet als mögliche Quelle gefährlicher Störungen des bestehenden politischen, gesellschaftlichen und natürlichen Gleichgewichts. Er konnte sich als Segen, leicht aber auch als Übel herausstellen. Die Griechen machten einen defensiven Gebrauch der *téchnai*; eine Defensive, die aus Vorsichtsmaßnahmen, Beschränkungen, nicht selten offener Feindseligkeit und nicht zuletzt strengster gesellschaftlicher Kontrolle über die Träger der *téchne* bestand, die deshalb in geringem gesellschaftlichen Ansehen standen. Diese Haltung hängt zumindest teilweise damit zusammen, daß die antike Gesellschaft im wesentlichen von einer Grundbesitzerschicht und damit von entschieden konservativen Wertvorstellungen beherrscht war.

Seit dem Mittelalter änderten sich in West- und Mitteleuropa die Dinge grundlegend, und die Gründe für diesen Wandel sind klar. Wahrscheinlich spielten die einflußreiche gesellschaftliche Stellung, die der Kaufmanns- und Handwerkerstand errungen hatte, und das Vorherrschen einer kaufmännisch-bürgerlich-städtischen Kultur eine nicht unwesentliche Rolle.

Technologischer Fortschritt läßt sich in dreierlei Arten unterscheiden: 1.) Anderswo entstandene Neuerungen, die übernommen wurden, wie beispielsweise der Kompaß, das Geschirr für Zugpferde und das Papier; 2.) anderswo entstandene Neuerungen wie die Windmühle oder solche, die längst bekannt waren wie die Wassermühle, die den europäischen Verhältnissen angepaßt wurden, und 3.) wirklich eigenständige Erfindungen wie die Uhr und die Brille. Beim Begriff des technologischen Fortschritts im Mittelalter muß man sich allerdings von vornherein darüber klar sein, daß es sich niemals um einen von Theorien oder wissenschaftlichen Paradigmen ausgelösten Fortschritt handelte. Der Terminus *scientia* wurde häufig gebraucht, aber experimentelle Wissenschaft, wie wir sie heute kennen, war noch unbekannt. Fortschritt wurde im Mittelalter als Ergebnis handwerklicher Praxis, unzähliger winziger Versuche und kleiner Verbesserungen in der täglichen Arbeit erzielt. Theorie und Praxis begegneten einander dabei nicht. Als am Ende des 14. Jahrhunderts ein französischer Architekt beim Bau des gotischen Domes in Mailand zu Rate gezogen wurde, wagte er in der Hitze der Diskussion zu behaupten *ars sine scientia est nihil* (ohne die Theorie hat die Praxis keinen Wert). Darauf erwiderten ihm die Mailänder Handwerker empört, *ars est unum et scientia est aliud* (die Theorie ist eines, und die Praxis etwas anderes).

Die wissenschaftliche Revolution des 17. Jahrhunderts schuf die Voraussetzungen für einen Wandel, aber änderte die Verhältnisse noch nicht grundsätzlich. Erst im 19. Jahrhundert, erst mit der Reform der Hochschulen in Deutschland durch die Einführung der technischen Hochschulen kam es zu bedeutenden technologischen Neuerungen, die ein Ergebnis theoretischer Paradigmen und wissenschaftlicher Hypothesen waren.

Zweifelsohne zeigten die Europäer seit dem Mittelalter ein steigendes Interesse am technologischen Fortschritt und betrachteten ihn als etwas eindeutig Positives und sehr Wünschenswertes.

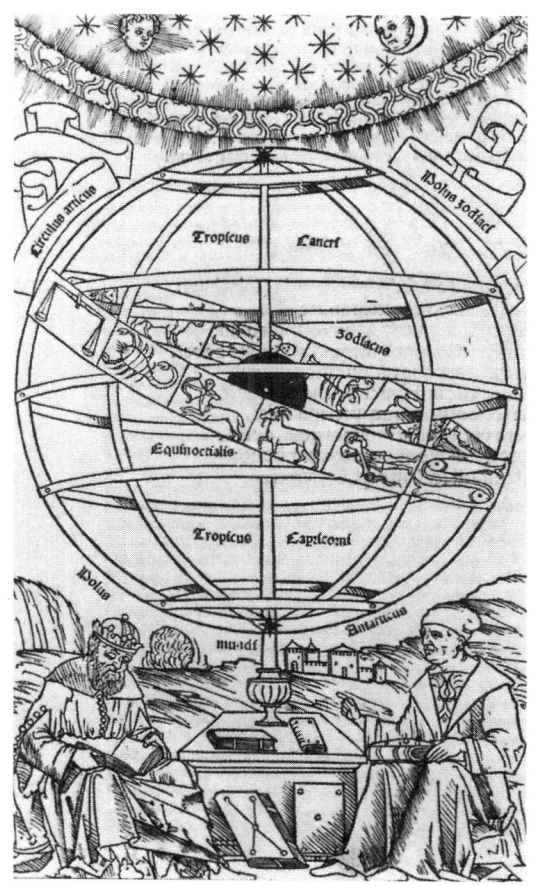

Ptolemäus und Regiomontan neben einer
Armillarsphäre, Venedig 1496

9

Sogar Mönche und Priester schwenkten auf diese neue Linie ein. So schrieb im Jahre 1267 Teodorico, der Bischof von Bitonto, mit offensichtlicher Zufriedenheit, es werde *quotidie instrumentum novum et modus novus invenitur* (täglich ein neues Werkzeug und ein neues Verfahren erfunden), und Ende des 13. Jahrhunderts bemerkte Fra Giordano da Pisa im gleichen Sinne, daß »täglich eine neue Technik entdeckt« werde. Im 15. und 16. Jahrhundert legten Geschichtsschreiber wie Giovanni Tortelli und Polydore Vergil, Philosophen wie Francis Bacon und Schriftsteller wie Antonio Persio Wert darauf, die bedeutendsten technologischen Neuerungen darzustellen, die ihrer Meinung nach das Antlitz der Erde verändert hatten.

Observatorium,
Ecole Militaire, Paris 1767

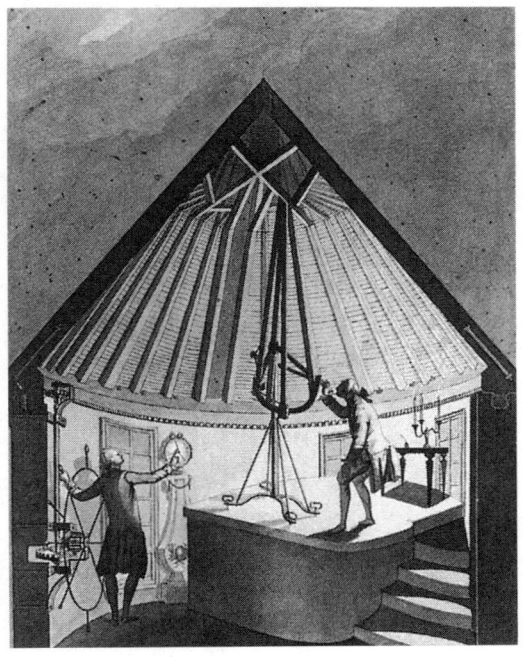

Physikalisches Kabinett von Abbé Nollet,
Paris, Mitte 18. Jhdt.

Ein Uhrmacher...

Etwa von der Mitte des 19. bis zur Mitte des 20. Jahrhunderts erlebte der Fortschrittskult seinen Höhepunkt. Heute allerdings, im ausgehenden 20. Jahrhundert, läßt sich immer deutlicher ein Reflexionsprozeß ausmachen. Die technologische Entwicklung hat der Menschheit unermeßliche Wohltaten gebracht: sie hat die durchschnittliche Lebenszeit verlängert, das Leben um vieles bereichert, erleichtert und vor Schmerzen und Leiden bewahrt; sie hat dem Menschen die ungeheure Erweiterung der Kenntnis seiner selbst, des Planeten, auf dem er lebt, und des Universums, zu dem er gehört, ermöglicht. Aber diese technologische Entwicklung hat gleichzeitig viele und große Probleme mit sich

...und eine Uhrmacherin,
Martin Engelbrecht, Augsburg um 1730

gebracht, die das Leben auf der Erde selbst gefährden. Bewegungen, die auf diese Gefahren reagieren, breiten sich immer mehr aus und reichen von der feindseligen und gewaltsamen Ablehnung jedes technologischen Fortschritts bis hin zu vorsichtigeren und gemäßigteren Positionen, die aber immer von ängstlichem Pessimismus geprägt sind. Wir befinden uns vermutlich am Beginn einer dramatischen Revolution des kollektiven Denkens, das uns, wenigstens oberflächlich gesehen, zu einer Position zurückbringt, wie sie die klassische Antike einnahm. Was uns die Zukunft bringt, wird zu einer immer beunruhigenderen und immer bedrängenderen Frage. An die Stelle eines Optimismus, der in der Zukunft nur bessere Tage in einer besseren Welt sah, scheint immer mehr ein Pessimismus zu treten, der in der Zukunft nur globale Katastrophen erkennt. Dabei müßte es jedoch klar sein, daß man nicht einfach umkehren kann. Schon vor langer Zeit haben wir die Grenze des *no return* überschritten. Nur durch ein Fortschreiten in der Suche nach immer ausgeklügelteren Technologien können wir hoffen, die großen Probleme zu lösen, die uns ängstigen und die uns zweifellos bedrohen.

Der vorliegende Text geht aus einer umfassenderen Forschungsarbeit über den technologischen Fortschritt im Europa des 11. bis 17. Jahrhunderts hervor. Er setzt sich mit der Entwicklung der mechanischen Uhr auseinander, d. h. mit der ersten Präzisionsmaschine, die im Abendland geschaffen wurde.

Die Geschichte der Technik kann unter zwei in gewissem Sinne komplementären, aber doch klar voneinander unterschiedenen Kriterien untersucht werden. Nach dem einen Kriterium wird die »innere« Geschichte einer gegebenen Technologie in ihrer Entwicklung anhand ihrer eigenen Logik unter einem ausschließlich technischen Gesichtspunkt untersucht. Nach dem anderen Kriterium wird die technische Entwicklung im Rahmen ihrer komplexen Beziehungen zu den parallelen gesellschaftlichen, wirtschaftlichen, politischen und kulturellen Veränderungen untersucht. Der vorliegende Text folgt entschieden dem zweiten Kriterium. Technologie wird darin nicht als etwas der Gesellschaft Äußerliches, sondern als ihr integrierender Bestandteil betrachtet, als ein Teil oder, wenn man will, ein Aspekt, und nur *ein* Aspekt der allgemeinen gesellschaftlichen Entwicklung. Die Beziehungen zwischen den wirtschaftlichen, sozialen, politischen und technologischen Variablen sind vielfältig und subtil, und es ist oft schwierig, ja manchmal sogar unmöglich, sie qualitativ und quantitativ zu erfassen. Was man sieht und messen kann, ist das Endergebnis: aber das dahinterstehende komplizierte Spiel von Reaktionen und Interaktionen entzieht sich zumeist der Analyse. Unser analytisches Instrumentarium ist noch zu primitiv und viel zu grob. Dennoch muß der Versuch gemacht werden, die überaus komplizierten und geheimnisvollen Zusammenhänge zu entwirren, und dies nicht nur aus rein historischem Interesse, sondern auch, um das Wesen der menschlichen Gesellschaft als solcher besser verstehen zu lernen.

Angesichts des ungeheuren wirtschaftlichen Aufschwungs Japans hat man festgestellt, daß es nicht genügt, japanische Produktionstechniken und japanisches Management zu übernehmen, denn diese Techniken sind auch außerhalb Japans wohlbekannt. Um der japanischen Expansion Paroli zu bieten, müßte man sich vielmehr »japanisieren«, und zwar in erster Linie kulturell und dann erst technologisch. Als Europa die beherrschende Wirtschaftsmacht war, standen diejenigen Gesellschaften, die sich seiner Expansion entgegenstellen wollten, vor der Aufgabe, Philosophie und Kultur Europas anzunehmen. Das hatte schon vor einigen Jahrhunderten der Holländer Nicolaes Witsen in seinem großen, 1671 in Amsterdam erschienenen *Traktat über den Schiffbau* erkannt: »Fremden, die auf die holländischen Werften kommen, um bestimmte Techniken zu studieren, gelingt es nicht, diese Techniken in ihren Ländern anzuwenden. Das kommt meiner Ansicht nach daher, daß diese Leute in einer anderen Umgebung mit nicht holländischen Handwerkern arbeiten müssen. Auch wenn ein Fremder alles Notwendige erlernen könnte, würde es ihm nichts nützen, solange es ihm nicht gelingt, seinen Arbeitern Ordnungssinn und Nüchternheit der Holländer beizubringen, und das ist schlechterdings unmöglich.«

Das im Jahr 1671 von Nicolaes Witsen angeschnittene Thema bildet ein *Leitmotiv* des folgenden Textes.

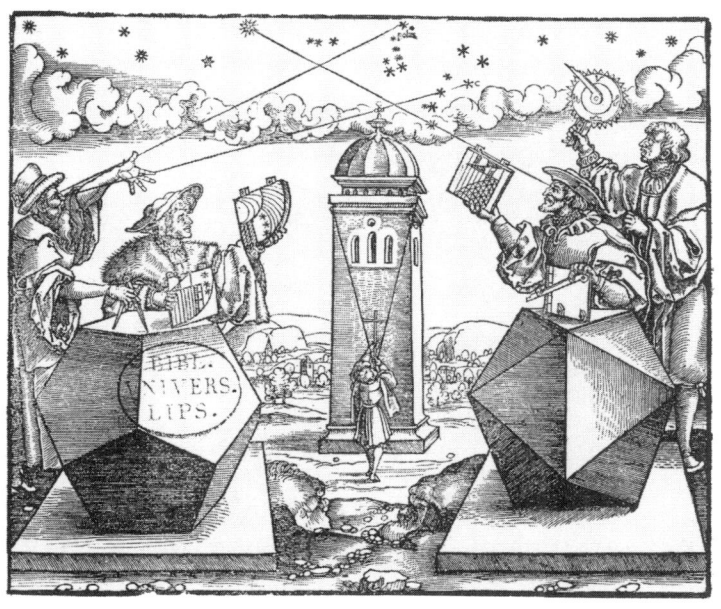

Zeitbestimmung am Tage und in der Nacht,
Ingolstadt 1533

Als im Jahre 807 eine Gesandtschaft Harun ar Raschids zu Karl dem Großen kam, befand sich unter den Geschenken für den Kaiser »eine mit bewundernswürdiger Kunst hergestellte Uhr« (arte mechanica mirifice compositum), die so beschrieben wurde: »Sie funktioniert mit Wasser und zeigt die Stunden mit Bronzekugeln an, die in ein Messingbecken fallen. Um zwölf Uhr mittags treten zwölf Ritter aus zwölf kleinen Fensterchen heraus, die sich dann hinter ihnen wieder schließen.« Aus diesen Zeilen der Annalen Einhards läßt sich erkennen, daß die Erfindung der Araber am fränkischen Hofe grenzenlose Bewunderung ausgelöst hatte. Im ganzen Abendland waren solche Wunderwerke nicht zu finden und konnten auch nicht hergestellt werden. Ungefähr eineinhalb Jahrhunderte später, im Jahre 949, besichtigte Luitprand von Cremona in Konstantinopel im Beisein des oströmischen Kaisers einen Palast von außerordentlicher Größe und Schönheit und sah darin Dinge, die ihn in grenzenloses Erstaunen versetzten: »Vor dem Thron des Kaisers erhob sich ein Baum aus vergoldeter Bronze. Die Zweige waren voller Vögel, ebenfalls aus vergoldeter Bronze, von denen jeder nach seiner besonderen Art zwitscherte. Der riesengroße Thron wurde von zwei Löwen aus Bronze und vergoldetem Holz bewacht, deren Schwänze den Boden peitschten und in deren offenen Mäulern sich die Zungen hechelnd bewegten. Ich wurde auf den Schultern zweier Eunuchen vor den Kaiser gebracht. Als ich mich näherte, begannen die Löwen zu brüllen und die Vögel zu zwitschern... Nachdem ich mich zum Zeichen der Unterwerfung dreimal vor dem Kaiser zu Boden geworfen hatte, erhob ich den Kopf und sah, Wunder über Wunder, den Kaiser, den ich kurz zuvor auf einem nicht sehr hohen Thron gesehen hatte, nun in der Höhe der Decke. Wie dies geschehen konnte, wüßte ich nicht zu sagen, aber ich denke, daß der Thron durch irgendeinen Mechanismus, wie wir ihn für die Traubenpresse verwenden, hochgehoben worden war.« (Antapodosis, VI, 5)

Zu diesem Zeitpunkt lösten die mechanischen Erfindungen des Morgenlandes bei einem Gelehrten des Abendlandes nach wie vor Staunen und Bewunderung aus.[1]

Und selbst noch zu Beginn des 14. Jahrhunderts fand sich in der abendländischen Literatur nichts, was dem Vergleich mit der Enzyklopädie der Technik standgehalten hätte, die von al-Ǧazarí um 1205 zusammengestellt worden war. Dieser außergewöhnliche Handwerker hatte 25 Jahre am Hofe des Ortoqiden Qara Arslān gedient.[2] Im Byzanz jener Zeit sah man keinen Grund für die Änderung der bis dahin gültigen Überzeugung, daß die »Lateiner« (d.h. die Abendländer) nichts anderes als eine Art »Barbaren« seien, und daß das »neue Rom« (d.h. Byzanz) über jeden Vergleich mit dem antiken Rom erhaben sei. Aber dies begann sich zu ändern. Im Sommer 1338 stach von Venedig aus eine Galeere in Richtung Orient in See. Zu ihrer großen Fracht gehörte auch eine Uhr, die Giovanni Loredan in Delhi zu verkaufen gedachte. Diese Tatsache ist uns nur aus Zufall bekannt, weil einige Jahre später um diese Fracht von einigen Kaufleuten ein Prozeß geführt wurde. Denn zu jener Zeit wäre kein Chronist auf den Gedanken gekommen, über derartiges zu berichten, und von den modernen Historikern hat nur Roberto S. Lopez diese Tatsache erwähnt. Und doch handelt es sich hierbei um einen bedeutsamen Wendepunkt: Europa begann, Maschinen nach Asien zu exportieren. Dieser bescheidene Anfang eröffnete eine neue Epoche, und schon ein Jahrhundert später war die technologische Überlegenheit des Westens gegenüber Asien eine vollendete Tatsache. Ende des 14. Jahrhunderts kamen einige Byzantiner wie Demetrio Cidonio zu dem überraschenden Schluß, daß das Morgenland vom Abendland

Die Gesandtschaft aus Bagdad überreicht Karl dem Großen
eine Wasseruhr, Kupferstich von G. Amling nach einem Gobelinentwurf
von Peter Candid, Anfang 17. Jhdt.

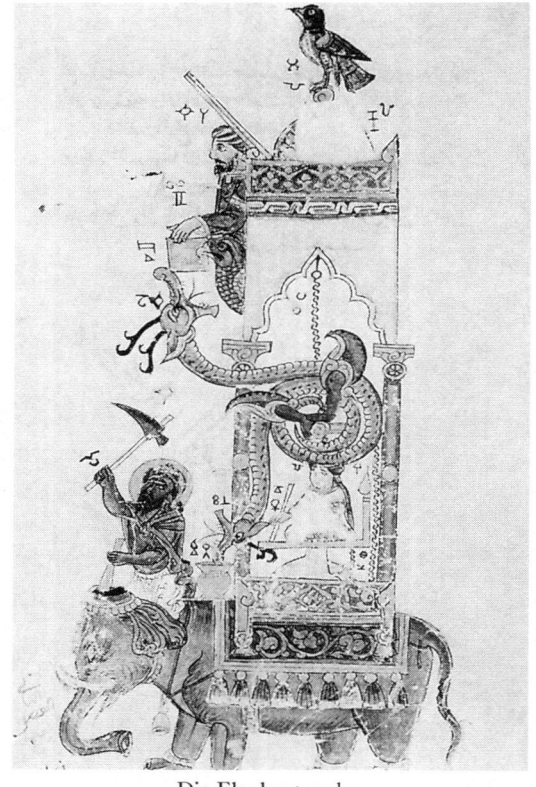

Die Elephantenuhr,
Miniatur nach der Abhandlung von al-Ǧazarí, 1315

etwas lernen könne.[3] Wenige Jahrzehnte später richtete Kardinal Bessarion, der selbst griechischer Abstammung war, an Konstantin Paleologos, den Herrscher über die zu Byzanz gehörende, autonome Provinz Morea (Peloponnes), eine Denkschrift, in der er offen von der technologischen Überlegenheit des Abendlandes sprach und Konstantin aufforderte, junge Griechen nach Italien zu schicken, um sie die »Grundelemente einiger Techniken« erlernen zu lassen.[4] Im Laufe von nur zwei Jahrhunderten hatte sich

Die Wasseruhr des al-Ǧazarí,
Nachbau von Anthony Turner und P. N. Haward,
England 1993

das Verhältnis zwischen Orient und Okzident ins Gegenteil ver-
kehrt.

Als Bessarion seine Denkschrift verfaßte, gehörte Italien –
oder besser gesagt Nord- und Mittelitalien – unzweifelhaft zu den
Vorreitern der technologischen Entwicklung in Europa. Daß ein
Humanist wie Kardinal Bessarion Italien, die Wiege des Huma-
nismus, der jungen Generation seines Heimatlandes als Muster-
beispiel für Bildung und Ausbildung empfahl, ist deshalb nicht
weiter verwunderlich. Aber Italien war keineswegs die einzige
Region Europas, die über fortgeschrittene Technologie und einen
Überfluß an hervorragenden Handwerkern verfügte. In dieser
Hinsicht waren die Niederlande, besonders der südliche Landes-
teil, nicht weniger fortgeschritten, und auch Frankreich verfügte
über hervorragende Techniker. Die Zerstörungen und Wirren des
Hundertjährigen Krieges (1337–1453) hatten in Frankreich allerdings die Entwicklung behindert, aber in der zweiten Hälfte des
15. Jahrhunderts erholte es sich schnell. Ungefähr zur gleichen
Zeit wurde auch im Westen und Süden Deutschlands durch die
Einflüsse aus den Niederlanden und Italien eine beachtliche Entwicklung ausgelöst, und am Ende des 15. Jahrhunderts waren die
Deutschen im Bergbau und der Metallverarbeitung unübertrof-
fene Meister.[5]

Die technologische Entwicklung des Spätmittelalters und der
frühen Neuzeit konzentrierte sich weitgehend auf die genannten
Landstriche, während das übrige Europa sowohl in wirtschaftlicher
als auch in technologischer Hinsicht nur am Rande teilnahm.

Spanien besaß einige sehr aktive Handwerkszentren am Golf
von Biskaya, in Katalonien und in Toledo, aber im allgemeinen
hatte Guicciardini richtig beobachtet, wenn er Spanien als unter-
entwickelt ansah, »nicht nur wegen dem Charakter des Landes,
sondern auch wegen der Natur seiner Bewohner, die sich keine
Mühe geben wollen«[6]. England und die skandinavischen Staaten
standen etwa auf der gleichen Stufe wie Spanien.[7]

Den Hauptreichtum der fortschrittlichsten Länder bildeten
ihre Reserven an »Humankapital«, d.h. die relativ hohe Zahl und

Augsburger Uhr auf dem Bildnis eines
Unbekannten in persischem Gewand,
Isfahan, um 1650

Qualität ihrer Unternehmer und Handwerker. Dieser Reichtum
war zugleich Ergebnis, aber auch Bedingung der Entwicklung, und
während des ganzen Mittelalters und der Renaissance richteten
Regierungen und Verwaltungen ihr Interesse nicht nur auf Import
und Export von Lebensmitteln und wertvollen Metallen, sondern
auch auf die Ein- und Auswanderung von Technikern und Handwerkern.

Die Mobilität spezialisierter Arbeitskräfte vor der Industriellen Revolution ist bisher noch nicht ausreichend untersucht worden, und man weiß deshalb zu wenig über dieses interessante Phänomen, das so ganz im Gegensatz zum gängigen Bild vom »unbe-
weglichen« Mittelalter steht. Es existierte jedoch zweifelsfrei eine
sehr große Mobilität, die entscheidendes Gewicht für Wirtschaft
und Technik in Europa hatte. Die Handwerker verließen oft ihre

Heimatdörfer, und auch in den Städten war die Mobilität groß. Zeitgenössische Quellen sprechen häufig von Handwerksmeistern oder von ganzen Gruppen von Handwerkern, die von einer Stadt zur anderen oder von einem Land zum anderen zogen, weil sie vor politischen Unruhen flüchteten, vor Seuchen oder vor einer Wirtschaftskrise. *Vagabundi sunt ut aves* (Sie streifen umher wie Vögel), sagt eine mittelalterliche Quelle über die Bauern, aber das gleiche würde auch für die Handwerker gelten.

Im Lauf des 16. Jahrhunderts trieben religiöser Fanatismus und eine tragische Serie von Konflikten, Hungersnöten, Seuchen und Wirtschaftskrisen immer mehr »Kopf- und Handarbeiter« in die Flucht. Italien, das in den vergangenen Jahrhunderten zahlreiche ausländische Handwerker aufgenommen hatte, bekam als erstes Land die politischen und religiösen Wirren des beginnenden 16. Jahrhunderts zu spüren. Die von 1494 bis 1559 andauernden Kriege zwischen Frankreich und Spanien und deren traurige Folge von Hungersnöten, Seuchen und Wirtschaftskrisen veranlaßten viele Handwerker, das Land zu verlassen. In der zweiten Hälfte des 16. Jahrhunderts ging die Auswanderung zwar zurück, verstärkte sich aber nach 1620 soweit, daß die handwerkliche Struktur des Landes völlig zerstört wurde. Frankreich profitierte in der ersten Hälfte des 16. Jahrhunderts von der massiven Zuwanderung italienischer Handwerker, verlor aber seinerseits, zerrissen von den Religionskriegen, seit 1560 wertvolle Arbeitskräfte. Für die südlichen Niederlande hatten die gewaltsame Anbindung an Spanien, der Fanatismus der Katholiken und die Blockadepolitik der um ihre Unabhängigkeit kämpfenden nördlichen Niederlande verheerende Auswirkungen. Im 16., 17. und 18. Jahrhundert verlor Deutschland fähige Handwerker an das übrige Europa. All diese Bewegungen lassen sich nicht quantifizieren, aber mit einer gewissen Wahrscheinlichkeit kann man sagen, daß im 16. und 17. Jahrhundert Italien, die südlichen Niederlande, Frankreich und Deutschland in ihrer Gesamtheit ein wertvolles Kontingent an Fachkräften verloren, das England, der Schweiz und Schweden zugute kam.

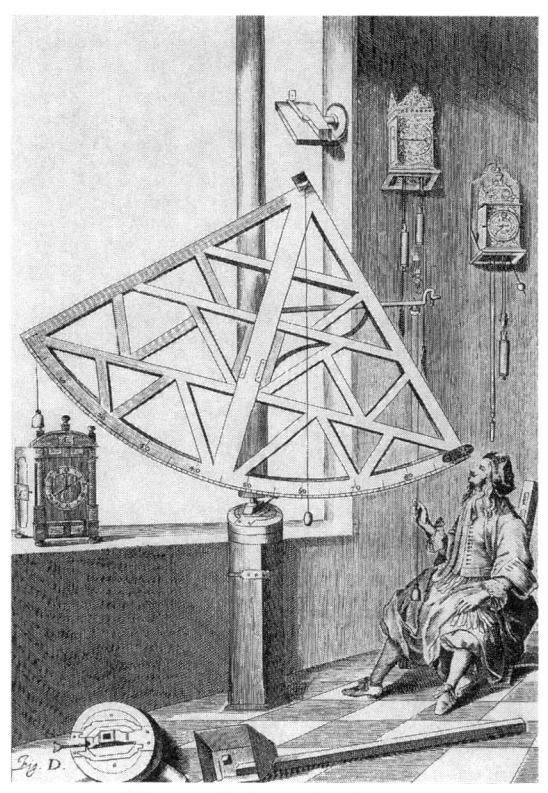

Messen mit einem Quadranten,
Danzig 1673

Um aber den Einfluß spezialisierter Zuwanderer wirtschaftlich dauerhaft nutzen zu können, muß das Gastland neuen Ideen und neuen Techniken gegenüber offen sein. Man weiß, daß italienische Spezialisten in die Türkei ausgewandert waren[8], aber dort änderte sich nichts. Die Abwanderung von Fachleuten, die zum Niedergang eines Landes beiträgt, ist oft aber auch schon an sich ein Symptom. In Italien, das im Laufe des 16. und 17. Jahrhunderts viele Handwerker verlor, hatte sich das gesellschaftliche Klima von außerordentlicher Dynamik und Aufnahmebereitschaft hin zu finsterstem Konservatismus gewandelt. Die Italiener, so schrieb Fynes Moryson zu Beginn des 17. Jahrhunderts, »sind davon überzeugt, daß sie selbst so intelligent sind, und ihr Land so gesegnet mit Fruchtbarkeit und Kunstwerken, daß sie sich nicht gern in andere Länder begeben: Diese Meinung, daß Italien alles bietet, was man auf der Welt sehen und wissen kann, macht die Italiener provinziell und erfüllt sie mit einem stolzen Vorurteil über ihre eigene Begabung...«[9]

Die Länder, die die Flüchtlinge und Emigranten aufnahmen, hatten mit der Reformation auch eine geradezu fanatische *Bibliolatrie* angenommen, die den Analphabetismus zurückdrängte. Die Verbindung dieser und anderer Faktoren trug zu einer entscheidenden Verschiebung der wirtschaftlichen Kräfteverhältnisse in Europa bei. Zwei Jahrhunderte nachdem Kardinal Bessarion die Jugend seines Heimatlandes aufgefordert hatte, nach Italien zu gehen, um dort die fortgeschrittenste Technologie des Abendlandes zu erlernen, war die technologische und wirtschaftliche Führungsrolle auf England, Holland und – im Bereich der Metallverarbeitung – auch auf Schweden übergegangen.

Nicht nur die wirtschaftlichen Kräfteverhältnisse zwischen den verschiedenen Teilen Europas unterlagen einem dramatischen Wandel, sondern auch die kulturellen. Die Universitäten als institutionelle Bildungsstätten leisteten nur einen relativ geringen Beitrag zu den technischen Innovationen der Merkantilgesellschaft. Die Rechtslehre konnte zwar nicht unbeeinflußt bleiben von der Ausbreitung des Handels, und auch die Theologie konnte den Zins nicht mehr nur als Wucher verteufeln, sondern mußte ihn als festen Bestandteil einer immer mehr kommerzialisierten Gesellschaft schließlich akzeptieren. Aber die Technik fand keine Aufnahme an den Universitäten. Seit dem 17. Jahrhundert formulierten jedoch immer mehr Wissenschaftler Fragestellungen, die nicht Probleme der Metaphysik, sondern allein der Physik betrafen und deshalb ihre Antwort nur in praktischen Experimenten finden konnten. Diese Forscher machten sich an die exakte Beob-

Physikalisches Kabinett des Joseph Bonnier de la Mosson,
Jacques de Lajoue, Paris, um 1739

achtung der Natur und stellten immer mehr das in den Mittelpunkt der *scientia*, was man früher den Handwerkern und Künstlern überlassen hatte. Ihr Erfolg beruhte auf der Verbindung von
Experiment und Mathematik, und gerade die Wissenschaftsrich-
tungen, die am meisten auf die Quantifizierung und Mathemati-
sierung ausgerichtet waren, brachten die aufsehenerregendsten
Ergebnisse. Der Widerstand konservativer Kräfte war jedoch immer noch stark und nicht leicht zu überwinden. Neben leiden-
schaftlichen Anhängern der neuen Wissenschaft gab es nicht weniger leidenschaftliche Verteidiger des herkömmlichen Denkens.
Die Konservativen verteidigten die Universität wie eine Festung,
die Verfechter der neuen Wissenschaft gründeten dagegen neue
Institutionen, die Akademien, und scharten sich um diese. Auf die
Dauer siegten die Neuerer und ihre von Empirismus und Utilita-

rismus geprägte Weltanschauung, die alle Bereiche des menschlichen Wissens erfaßte. Die Mathematik wurde zum grundlegenden Instrument der Analyse und die Maschine zur Leitidee. Das »Funktionieren dieser großen Maschine, die die Welt ist«, schrieb H. Powers im Jahre 1664, »läßt sich nur von einer mechanistischen und experimentellen Philosophie erklären.«

Der utilitaristische Geist war aus der städtischen Kultur hervorgegangen, hatte in der Empirie Bacons eine philosophische Grundlage gefunden und kam in dem wachsenden Interesse für Maschinen und alle handwerklichen Tätigkeiten, die mit ihrem Bau zusammenhängen, zum Ausdruck. Mechanik, Chemie, Mikroskopie und Astronomie steckten freilich noch in den Kinderschuhen, und es war leicht, sich das vorhandene Wissen auf diesen Gebieten anzueignen. Gabriel Harvey behauptete im Jahre 1593, jeder erfahrene Handwerker oder jeder vernünftige und fleißige Mensch könne auch ohne Schulbildung und ohne große Belesenheit einen Beitrag zur Weiterentwicklung der Naturwissenschaften leisten. Diese Aussage mag etwas übertrieben sein; realistischer ist vielleicht die Klage Evelyns in einem Brief an den englischen Chemiker Boyle, es sei »schwierig, mit ungebildeten Menschen zu sprechen, die sich auf die Mechanik kaprizieren.[10]« Zahlreiche Beispiele beweisen jedoch, daß Wissenschaftler und spezialisierte Handwerker wie Uhrmacher, Linsenschneider und Hersteller von Präzisionsinstrumenten Ideen und Vorschläge austauschten. Needham sieht darin zu Recht einen entscheidenden Unterschied Europas gegenüber China: »In Europa wirkten im Gegensatz zu China verschiedene Faktoren dahingehend ... die Begegnung von praktischem Wissen und theoretischer Mathematik zu erleichtern ... Ohne Zweifel spielen die gesellschaftlichen Bewegungen hier eine Rolle, da in Europa die Zusammenarbeit des Handwerkers mit dem Edelmann respektabel war.«[11]

Wäre der technologische Fortschritt gänzlich den einfachen Handwerkern und ihrer Traditionsverbundenheit, der methodisches Experimentieren fremd war, überlassen geblieben, so wäre er ungleich langsamer verlaufen. Er beschleunigte sich dagegen in dem Maße, in dem die Ressourcen des Handwerks durch die Anwendung systematischer Prinzipien, die von mehr oder weniger akademischen Wissenschaftlern ausgearbeitet worden waren, potenziert wurden. Um sich diese Veränderung des geistigen Klimas zu vergegenwärtigen, genügt ein Blick auf die wachsende Zahl der in England, Holland und Frankreich im 17. Jahrhundert erteilten Patente für neue Maschinen, Meß- und Navigationsinstrumente, Barometer, Thermometer, Mikroskope, Teleskope, Uhren und Geräte aller Art. In diesem geistigen Klima entwickelte Guericke seine Luftpumpe, die Basis für die spätere Entwicklung der Dampfmaschine. So gesehen erscheint es wenig verwunderlich, daß der Fortschritt einige Jahrzehnte später die Form der Industriellen Revolution annahm, und es wäre sehr erstaunlich, wenn sie nicht stattgefunden hätte.

Ein Uhrmacher und seine Werkstatt
mit Wasser-, Sand- und Räderuhren,
um 1780

Seit frühester Zeit benutzte der Mensch verschiedene Werkzeuge, um das Problem der Zeitmessung zu lösen. Die erste und vielleicht archaischste Lösung war die Sonnenuhr. Sie fand wegen ihrer billigen Herstellung und ihrer essentiellen Einfachheit im Laufe der Jahrhunderte breite Anwendung und wurde einfach den verschiedenen Anforderungen je nach Längen- und Breitengrad angepaßt. Im Lauf der Zeit wurden andere Werkzeuge der Zeitmessung entwickelt wie die Wasseruhr, Brennstäbe, später Kerzen mit Zeitmarkierungen und die Sanduhr.

Am meisten handwerklicher Erfindungsgeist wurde auf die Anfertigung von Wasseruhren verwendet und verschwendet. Ihre ursprünglichste Form bestand aus einem großen steinernen Becken mit einem Loch in der Mitte, durch das das Wasser langsam, aber gleichmäßig heraustropfen konnte. Im Laufe der Jahrhunderte stellte man immer raffiniertere Uhren her, bei denen das Wasser nicht nur die verflossene Zeit anzeigte, sondern auch verschiedenste Mechanismen in Bewegung setzte, um die Stunden zu schlagen.

Die Behauptung einiger Historiker, die mechanische Uhr sei erfunden worden, weil die Sonne nicht immer scheint und im Winter das Wasser gefriert, ist freilich nur eines der unzähligen Beispiele für die Oberflächlichkeit bestimmter deterministischer Konzeptionen.

Das Problem der Wolken und des Eises bestand nämlich auch in anderen Gegenden der Welt, und es bleibt zu erklären, warum die mechanische Uhr ausgerechnet in Europa aufgetaucht ist.

Auch wenn man damit das Problem nur verschiebt, statt es zu lösen, kann man festhalten, daß sich im mittelalterlichen Europa eine Mentalität herausbildete, die in der Maschine immer mehr die Lösung für eine ganze Reihe von Problemen des Alltagslebens sah. Man braucht nur an die unzähligen Wasser- und Windmühlen zu denken und an die unermüdlichen Versuche zur Nutzung der Wasser- oder Windkraft zum Mahlen, aber auch für verschiedenste andere Zwecke. Ein anderes Beispiel bieten die zahlreichen Projekte und die Konstruktion von Mechanismen zum melodischen Läuten der Glocken. Und schließlich sei an die unermüdlichen Versuche von Astronomen und Astrologen erinnert, Erdkugeln oder Kugelmechanismen zu entwickeln, die die Bewegung der Sterne und Planeten anzeigten. Die Entstehung der mechanischen Uhr muß vor diesem Hintergrund gesehen werden, der das Mittelalter im Gegensatz zur landläufigen Meinung auf dem Gebiet der angewandten Mechanik als überaus kreativ und innovativ erweist.

Die mechanische Uhr konnte gebaut werden, als der unter dem Namen Spindelhemmung mit Waagbalken (Foliot) bekanntgewordene Mechanismus erfunden war. Hier genügt die Bemerkung, daß die Historiker nach langen Diskussionen weitgehend darin übereingekommen sind, die Erfindung sei gegen Ende des 13. Jahrhunderts gemacht worden.

In dieser Zeit expandierten die Städte stark, und die neue städtische Kultur setzte sich mit bis dahin ungekannter Kraft durch. Zahlreiche Universitäten wurden gegründet und Kathedralen im gotischen Stil gebaut; Fra Giordano da Pisa verkündete von der Kanzel, daß »täglich eine neue Technik« erfunden werde. Um die Wende des 13. zum 14. Jahrhundert wurden auch die ersten Geschütze entwickelt. Und es ist kein Zufall, daß die mechanische Uhr und die Kanone fast gleichzeitig entstanden, denn beides basierte auf einer wesentlichen Verbesserung der Metallverarbeitungstechniken, und wir werden sehen, daß unter den ersten Uhrmachern viele Kanonenbauer waren.

In Europa fand die mechanische Uhr sofort große Verbreitung,

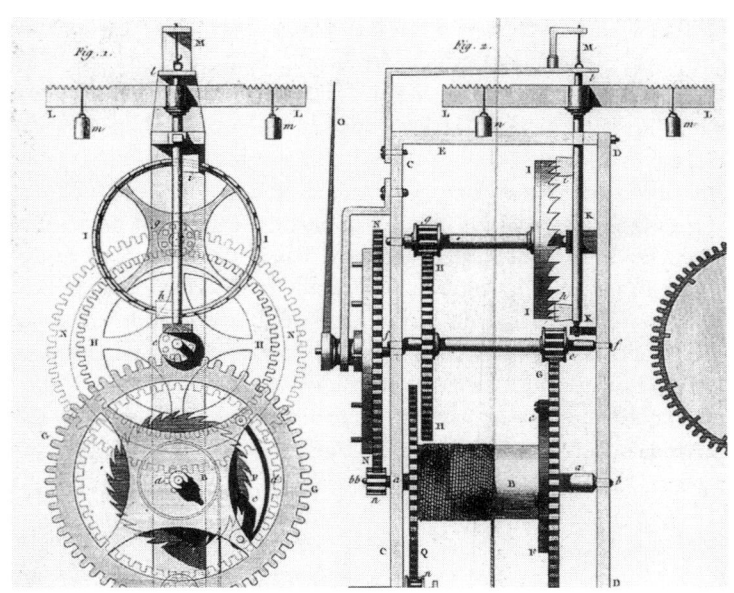

Räderwerk einer Gewichtsuhr
mit Spindelhemmung und Waagbalken (Foliot)

Abwechselnd greifen zwei im Winkel von 90 Grad an einer Welle (der Spindel) befestigte Lappen in das Steigrad ein, das über eine Räderübersetzung durch Gewichtsantrieb in eine bestimmte Richtung gedreht wird. Der Druck des Steigradzahnes drückt den einen Spindellappen zur Seite und vermittelt so der Spindel und dem damit verbundenen Waagbalken (Foliot) einen Drehimpuls. Nun aber hemmt der andere Spindellappen den Zahn des Steigrades auf der entgegengesetzten Seite und drückt das Räderwerk sogar ein wenig zurück. Bald aber ist der Schwung aufgezehrt, und nun erfolgt die Rückbewegung in die andere Richtung.

und schon bald waren die Uhren auch mit einem Schlagwerk ausgestattet.[12] In Mailand erhielt die Kirche San Eustrogio im Jahre 1309 eine eiserne Uhr, die Kathedrale von Beauvais besaß schon vor 1324 eine Uhr mit Glocken, und ein italienischer Chronist berichtete im Jahre 1335 über die Kirche San Gottardo in Mailand: »Sie hat eine wunderbare Uhr mit einem großen Klöppel, der vierundzwanzig Mal zu jeder Stunde des Tages und der Nacht eine Glocke anschlägt, und zwar so, daß er die erste Stunde der Nacht mit einem Schlag, die zweite mit zwei Schlägen anzeigt... so kann man eine Stunde von der anderen unterscheiden, was für Menschen jedes Standes von großem Nutzen ist *(quod est summe necessarium pro omni statu hominum).*«[13]

Das Kloster Cluny verfügte 1340 über eine Uhr, und die Kathedrale von Chartres sogar über zwei. In Padua wurde 1344 eine

Kerzenwecker,
Süddeutschland, 18. Jhdt.

Sanduhr mit Stundenzifferblatt,
deutsch, 1674

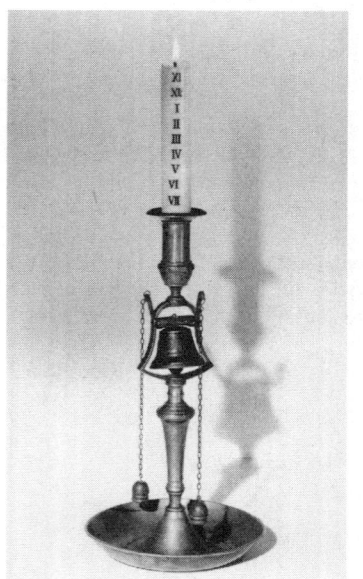

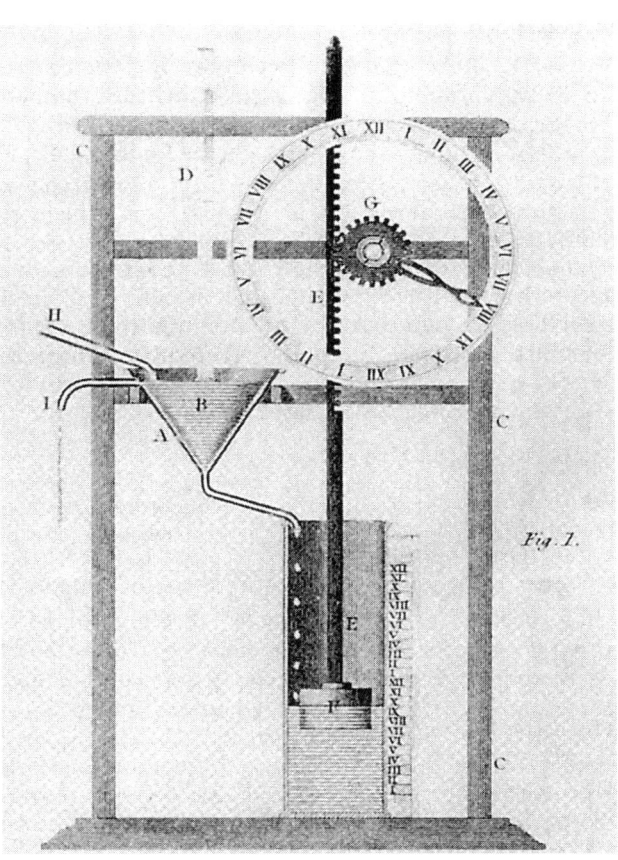

Antike Wasseruhr um 300 v. Chr.,
Rekonstruktion, 18. Jhdt.

öffentliche Uhr installiert, die »Tag und Nacht automatisch *(sponte sua)* die Stunde schlug«. Genua bekam 1353 eine öffentliche Uhr, Bologna 1356 und Ferrara 1362. Karl V. von Frankreich war so begeistert von der Uhr, die er 1370 für einen Turm des königlichen Schlosses hatte bauen lassen, daß er auch in Schloß Vincennes und im Hôtel Saint Paul eine solche anbringen wollte. Weil er fürchtete, daß die Uhren nicht in der ganzen Stadt zu hören waren, ordnete er an, daß alle Kirchen von Paris läuten sollten *par pointz à manière d'orologe* (genau wie eine Uhr), sobald die königlichen Uhren die Stunden schlugen. Auf diese Weise wußte jedermann die Uhrzeit *luise le solei ou non* (mag die Sonne scheinen oder nicht).

In der damaligen Zeit kostete eine große öffentliche Uhr ein Vermögen, das von vielen Städten nur schwer aufgebracht werden konnte. Kosten verursachte nicht nur der Bau selbst, sondern auch die Unterhaltung, die in der Regel das Gehalt für einen Vorsteher *(governatore)* umfaßte, der manchmal der Erbauer selbst war. Gian Carlo Rainieri da Reggio beispielsweise, der die berühmte Uhr auf der Piazza San Marco herstellte, erhielt nicht nur für sich sondern auch für seine Nachkommen das Anrecht auf das Amt des *governatore* dieser Uhr.[14] Aus diesem Grunde kam die Entscheidung zum Bau einer Uhr oft nur nach langen und hitzigen Debatten der Bürgerschaft zustande. Gewöhnlich waren die Gemeinden jedoch begierig darauf und stolz, eine öffentliche Uhr zu besitzen. Über die Uhr, die Karl V. am königlichen Palast hatte anbringen lassen, verfaßte Froissart sogar ein Gedicht:

L'orloge est, au vrai considerer
un instrument très bel et très notable
et s'est aussi plaisant et pourfitable
car nuit et jour les heures nous aprent,
par la soubtilleté qu'elle comprent
en l'absence meisme dou soleil
dont on doit mieuls prisier son appareil.[15]

(Die Uhr ist bei genauer Betrachtung ein sehr schönes und bemerkenswertes Instrument, auch angenehm und nützlich, denn sie läßt uns Nacht und Tag die Stunden wissen, mit der Genauigkeit, die sie versteht, auch in Abwesenheit der Sonne. Deshalb muß man ihren Mechanismus hoch schätzen.)

Bartolomeo Manfredi versicherte im Jahr 1473, daß die komplizierten kosmologischen Anzeigen der öffentlichen Uhr von Mantua dazu dienten »den richtigen Zeitpunkt zu bestimmen für Aderlässe und Operationen, zum Schneidern von Kleidern, zum Pflügen der Äcker, für den Antritt einer Reise und andere nützliche Dinge auf dieser Welt«.[16] Im Jahr 1481 wurde im Stadtrat von Lyon folgende Petition vorgelegt: »Es besteht ein starkes Bedürfnis nach einer großen Uhr, deren Klang von jedermann in der ganzen Stadt gehört wird. Wenn man eine öffentliche Uhr einrichtet, werden mehr Kaufleute zu den Messen kommen, die Bürger werden fröhlicher und zufriedener leben und ein geordneteres Leben führen, und die Stadt wird an Schönheit gewinnen.«[17]

Zu einer Zeit, in der kaum jemand eine tragbare Uhr besaß, war die Nützlichkeit einer öffentlichen Uhr, die die Stunden schlug, unabweisbar. Neben diesem praktischen Aspekt spielten jedoch Wettbewerb und Ehrgeiz eine bedeutende Rolle als Motiv für den Bau der Uhren. Die Städte wetteiferten untereinander, um eine Uhr zu haben, die, wie es in einer Quelle des 15. Jahrhunderts heißt, *magnum sufficiens et honorabile ad honorem villae* (genügend groß und ehrenvoll für das Ansehen der Stadt) war.[18] Im Jahr 1380 beschloß der Gemeinderat von Lyon die Errichtung eines Turmes auf einer der Brücken mit einer Uhr, die der Uhr auf einem Pariser Brückenturm ähnelte: *prout et quemadmodum edificate sunt Parisiis turris et horologium desuper existens*[19] (genauso wie in Paris ein Turm mit einer Uhr darauf gebaut worden ist). Um 1420 beschloß der Gemeinderat von Romans in Frankreich, eine besonders schöne Uhr »ohne Rücksicht auf die Kosten« bauen zu lassen. Im Jahr 1557 wollten dann die Bewohner von Montélimar eine Uhr wie die von Romans haben: *à la forme d'icelluy de Romans* [20] (in der Art wie in Romans).

Trotz der hohen Kosten bewirkte also eine Mischung aus Bürgerstolz, Nützlichkeitserwägungen und Interesse für die mechanischen Instrumente die rasche Verbreitung der Uhr. Die wachsende Nachfrage nach Uhren wiederum beschleunigte den technologischen Fortschritt, so daß gegen Ende des 14. Jahrhunderts bereits Uhren gebaut wurden, die jede Viertelstunde schlugen. Daraus sollte man freilich nicht auf die Genauigkeit dieser ersten Uhrwerke schließen. Wie nicht zu Unrecht festgestellt worden ist, waren diese ersten mechanischen Werke »eine merkwürdige Mischung aus blendender Erfindungsgabe und unzulänglicher technischer Ausführung«. Im ganzen 15. und 16. Jahrhundert gingen die Uhren, soweit sie überhaupt funktionierten, im Laufe eines einzigen Tages gewaltig vor oder nach. Nach allzu großer Genauigkeit bestand kein Bedarf, man begnügte sich mit einem einzigen Zeiger für die Stunden. Aber die Ungenauigkeit der Uhren genügte selbst den geringen Anforderungen der Zeit nicht. Im Jahr 1389 wurde in Rouen die Frau eines Uhrmachers von der Stadt dafür bezahlt, daß sie die öffentliche Uhr ständig regulierte. 1387 stellte Jean d'Aragon zwei Männer zum Anschlagen der Glocken der Uhr seines Palastes in Perpignan ein, weil die Uhr von selbst nicht zur richtigen Zeit schlug. Die Pariser Bevölkerung machte auf die Uhr des königlichen Palastes den Vers: *L'horloge du palais, elle vas comme il lui plait* (Die Uhr am Palast geht, wie sie will). Mindestens bis Mitte des 16. Jahrhunderts gingen auch die besten Uhren ohne Zweifel nur annäherungsweise richtig und mußten ständig nachgestellt werden. Noch 1641 mußte der Stadtrat von Dijon feststellen, daß keine der öffentlichen Uhren mit der anderen übereinstimmte, und ordnete an, sie *suivant le cours du soleil* (nach dem Sonnenstand), d.h. nach einer Sonnenuhr, zu stellen. [21]

In der Anfangszeit der mechanischen Uhren fällt besonders auf, daß man zwar kaum Fortschritte an Genauigkeit erzielte, dafür aber Uhren mit den absonderlichsten und kompliziertesten Bewegungsmechanismen konstruierte. Das ist jedoch wiederum insofern nicht verwunderlich, als es einfacher war, dem Räderwerk weitere Räder hinzuzufügen, als das System der Hemmung zu verbessern. Außerdem erfreuten sich Automaten und astronomische Anzeigen größter Beliebtheit. Eines der eindrucksvollsten Instrumente dieser Art wurde 1350 im Straßburger Münster angebracht. Die riesige Uhr besaß einen beweglichen Kalender und ein Astrolabium, das den Stand von Sonne, Mond und Planeten anzeigte. Darüber thronte die Heilige Jungfrau, um die sich zu den Klängen eines Glockenspiels die Heiligen Drei Könige bewegten.

Automatenfigur der Uhr im Straßburger Münster, 1350

Gekrönt wurde das Ganze von einem Hahn, der am Ende des Glockenspiels den Schnabel aufriß, mit den Flügeln klapperte und ein heiseres Kikeriki ausstieß.[22] Um die Mitte des 15. Jahrhunderts brachten Meister Giovanni Evangelista da Piacenza und Meister Bartolomeo di Gnudolo am Palazzo Comunale von Bologna eine riesige Uhr an, bei der zu gewissen Stunden ein Engel die Trompete blies, während sich Heilige und die Drei Könige um die Muttergottes mit Kind bewegten. Am bedeutendsten war an der Uhr jedoch der astronomische Teil, der unter der Leitung des großen Humanisten Kardinal Bessarion ausgeführt worden war. Er zeigte wahrscheinlich »eine zentrale Feuerkugel, um die sich harmonisch

Astronomische Uhr im Münster zu Straßburg,
Kupferstich nach dem Holzschnitt von Tobias Stimmer, 17. Jhdt.

Sonne, Mond, Erde, Planeten und die Himmel drehten«.[23] Diese Anordnung der Himmelskörper basierte auf den kosmologischen Theorien der Schüler des Pythagoras und stand in offenem Widerspruch zu dem vorherrschenden ptolemäischen Weltbild. Die berühmten Uhren von Orvieto und Reggio in Italien, von Wells in England, Lund in Schweden, Lübeck in Deutschland und Bern in der Schweiz waren nicht so groß wie die in Straßburg oder so außergewöhnlich wie die in Bologna, aber doch immer bemerkenswerte Exemplare. Manchmal wurden bereits bestehende Uhren mit komplizierten Bewegungsmechanismen ausgestattet wie beispielsweise in Parma im Jahr 1431. Ein Chronist berichtete darüber mit offensichtlichem Verständnis für die Klassenunterschiede, daß durch die neuen Instrumente die Stunden »fürs Volk« und die Mondposition für »die Gebildeten« angezeigt würden. Die Turmuhr in Gent wurde 1510 mit einem raffinierten Schlagwerk ausgestattet: Adam schlug die volle Stunde, Eva die halbe und eine teuflische Schlange wand sich in dem Versuch, die beiden zu einer anderen, besser synchronisierten Bewegungsart zusammenzubringen.

Das absolute Meisterwerk des Mittelalters muß jedoch die 1350 von Giovanni de' Dondi wahrscheinlich mit Hilfe seines Bruders Jacopo konstruierte Uhr gewesen sein, die nicht nur die Stunden maß und die Bewegung von Sonne, Mond und der fünf Planeten anzeigte, sondern auch einen vollständigen und fortlaufenden Kalender beinhaltete. Philippe de Maizière beschrieb dieses Wunderwerk folgendermaßen: »Es gibt heute in Italien einen außergewöhnlichen Mann, der in Philosophie, Medizin und Astronomie gleichermaßen bewandert ist und ganz allgemein als die große Autorität dieser drei Wissensgebiete anerkannt ist. Sein Name ist Giovanni de' Dondi aus Padua. Wegen seines großen Wissens in der Astronomie wird er gewöhnlich nicht mit seinem Nachnamen, sondern nur Mastro Giovanni der Uhrmacher genannt. Gegenwärtig hält er sich am Hofe des Herzogs von Mailand auf und erhält dort ein jährliches Salär von 2000 Florin. Mastro Giovanni hat berühmte Werke in den drei Wissenschaften hervorgebracht,

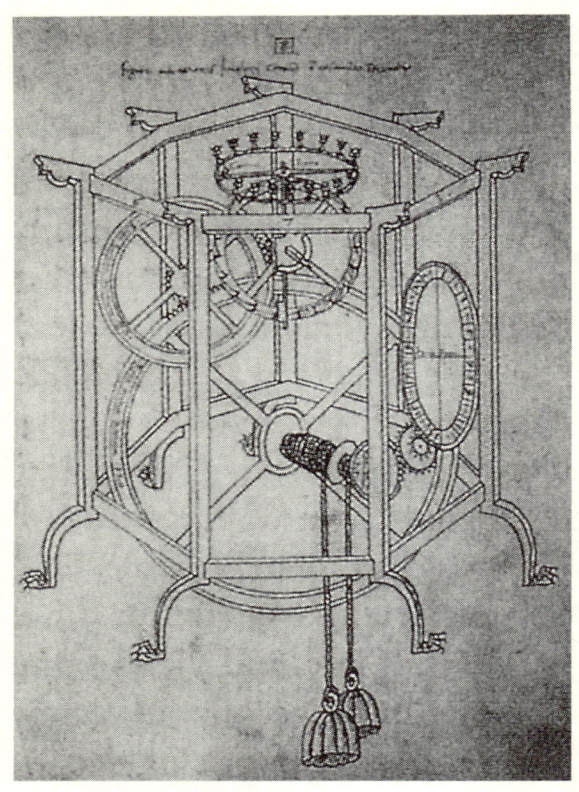

Astrarium des Giovanni Dondi,
Skizze des Untergestells mit Uhrwerk und
Stundenzifferblatt, zwischen 1365 und 1380

Rekonstruktion des von Giovanni Dondi
entworfenen Astrariums von Luigi Pippa,
Mailand 1985

die von bedeutenden Forschern in Italien, Deutschland und Ungarn sehr geschätzt werden. Unter anderem hat er eine Maschine hergestellt, die von einigen ›Kugel oder Uhr der Bewegungen der Himmelskörper‹ genannt wird und auf der alle Bewegungen der Tierkreiszeichen und Planeten mit ihren Himmelsbahnen gezeigt werden. Jeder Planet wird mit seiner Bewegung gesondert dargestellt, so daß man zu jeder Tages- und Nachtzeit ablesen kann, unter welchem Tierkreiszeichen und mit welcher Neigung die Planeten und die größeren Sterne am Himmel erscheinen. Die Kugel ist so erfindungsreich hergestellt, daß alles mit einem einzigen Gewicht angetrieben wird, obwohl der komplizierte Mechanismus von so vielen Rädern bewegt wird, daß man sie nicht zählen kann, ohne die Uhr zu zerlegen. Es ist ein solches Wunderwerk, daß viele große Astronomen von weit her kommen, um es zu bestaunen... Um die Kugel so herzustellen, wie er sie sich in seinem Erfindergeist vorgestellt hatte, schmiedete er sie selbst ohne jede Hilfe und verwendete darauf ganze 16 Jahre.«[24]

Nach seiner Fertigstellung wurde das Meisterwerk in der Bibliothek des Schlosses der Visconti in Pavia angebracht, aber nach dem Tode Giovannis wußte niemand mehr damit umzugehen. Heute ist die Uhr nicht mehr vorhanden, sie wurde wahrscheinlich zu Beginn des 16. Jahrhunderts bei der Belagerung Pavias zerstört. Dennoch sind wir über Aussehen, Aufbau und Mechanismus genau informiert dank einer Beschreibung, die Mastro Giovanni selbst angefertigt hat, und die uns überliefert ist.[25] Die Beschreibung ist so exakt, daß es möglich war, den Mechanismus nachzubauen. Alan H. Lloyd ist überzeugt, daß »auch heute mit der ganzen Wissenschaft und Technologie, die uns zur Verfügung steht, eine Uhr wie die Dondis als Wunderwerk angesehen würde«.[26] Und Lynn White fügt hinzu: »Der Sinn für die Beziehungen zwischen den beweglichen Teilen macht die Genialität aus: um die elliptischen Bahnen des Mondes und des Merkur zu erzielen, die das ptolemäische Weltbild vorsah, konstruierte er elliptische Zahnräder, und er wurde sogar den Unregelmäßigkeiten in der Bahn der Venus gerecht. An Komplexität und Perfektion übertraf das Werk Giovannis alles an Technologie, was uns bekannt ist, einschließlich der Bruchstücke des hellenistischen Planetariums, das im Ägäischen Meer gefunden wurde.«[27]

BISHER WAR IN ERSTER LINIE von öffentlichen Uhren die Rede. Solange die Instrumente viel Platz einnahmen und sehr kostspielig waren, ist es nicht weiter verwunderlich, daß es fast nur öffentliche Uhren gab. Bald aber kamen auch private Uhren in Gebrauch. Als Karl V. von Frankreich, der ein großer Sammler von *objets d'art* war, im Jahr 1380 starb, verzeichneten die Hofbeamten bei der Inventarisierung seiner Kunstsammlung unter den 3985 Einzelstücken »eine ganz aus Silber ohne Eisen hergestellte Uhr, die dem verstorbenen Philipp dem Schönen gehört hatte, mit zwei silberverkleideten Gewichten aus Blei«.[28] Diese Uhr muß also bereits vor 1314, dem Todesjahr Philipps des Schönen, hergestellt worden sein. Aus archivalischen Quellen lassen sich auch noch andere Beispiele für Uhren in Privatbesitz belegen, obwohl dies bis zur Mitte des 15. Jahrhunderts außerordentlich selten blieb. Die Uhren waren nicht nur kostspielig, sondern wurden auch als komplizierte, empfindliche und unberechenbare Instrumente angesehen, die der besonderen Obhut spezialisierten Personals bedurften, um sie »zu überwachen, zu regulieren und ständig zu beaufsichtigen«. Auch Karl V., der unter seinen Kunstgegenständen mehrere Uhren sein eigen nannte und öffentliche Uhren in mehreren seiner Schlösser hatte anbringen lassen, las die Zeit in seinen Privaträumen an markierten Kerzen ab. Wie Christine de Pisan schrieb, waren Uhren in Privatbesitz *encore n'estoyent communs*[29], noch nicht Allgemeingut.

Solange die Uhren von Gewichten in Gang gehalten wurden, konnten sie nur mit Mühe transportiert werden und mußten auf Konsolen oder an der Wand befestigt werden. Für die tragbare Uhr war ein neuer Antriebsmechanismus vonnöten. Nach der Aussage eines Zeitgenossen beschäftigte sich der große florentinische Architekt Filippo Brunelleschi auch mit Uhren und konstruierte 1410 eine solche, die von »verschiedenen Arten von Federn bewegt« war. Aufgrund dieser einen Angabe läßt sich natürlich nicht mit Bestimmtheit sagen, ob der Ausdruck Feder hier im streng technischen Sinne gebraucht wird. So bleibt der erste sichere Nachweis einer federgetriebenen Uhr eine französische Miniatur der Jahre 1440–1450, die bis ins Detail eine tragbare, federgetriebene Uhr zeigt.[30] Diese Miniatur und andere, ältere Quellen beweisen, wie wichtig die Erfindung der konischen Federaufwicklung war, um die nachlassende Kraft der Spannung in eine gleichmäßige Antriebsbewegung zu verwandeln.

Aus wenigen und weitverstreuten Quellen läßt sich der Schluß ziehen, daß der Gebrauch von Federn in Uhrwerken mindestens auf den Beginn des 15. Jahrhunderts zurückgeht. Diese wichtige Erfindung ermöglichte den Bau transportabler Uhren bis hin zur Konstruktion von Taschenuhren.

Im ganzen 15. Jahrhundert blieben jedoch federgetriebene Uhren noch seltener als private Uhren mit Gewichten. Um 1450 besaß eine bedeutende Persönlichkeit am burgundischen Hof eine federgetriebene Uhr und ließ sie auf seinem Porträt im Hintergrund abbilden. 1481 zahlte Ludwig XI. von Frankreich sechzehn Lire und zehn Soldi in piemontesischer Münze an »den Uhrmacher Jehan von Paris für eine in allen ihren Teilen vollendete Uhr mit Zifferblatt und Schlagwerk. Der König kaufte diese Uhr, um sie überall mit hinzunehmen.«[31] Daß der König sehr stolz auf seine Uhr war, läßt sich daran ablesen, daß auch er sie auf seinem Porträt abbilden ließ.

Erst im 16. Jahrhundert nahm die Zahl der Uhren mit Gewichtsantrieb und auch mit Feder im Privatbesitz allmählich zu. Vergleicht man im 16. und 17. Jahrhundert Europa mit anderen Teilen der Welt, so fällt auf, daß es in Europa im Verhältnis zur Gesamtbevölkerung weit mehr Handwerker und Kaufleute gab als anderswo. Nicht minder einzigartig und nicht minder wichtig aber war die Tatsache, daß es zwischen den wenigen ganz Reichen und den vielen ganz Armen eine breite Schicht von wohlhabenden Bürgern gab. Darunter waren Kaufleute, Anwälte, Notare, Ärzte,

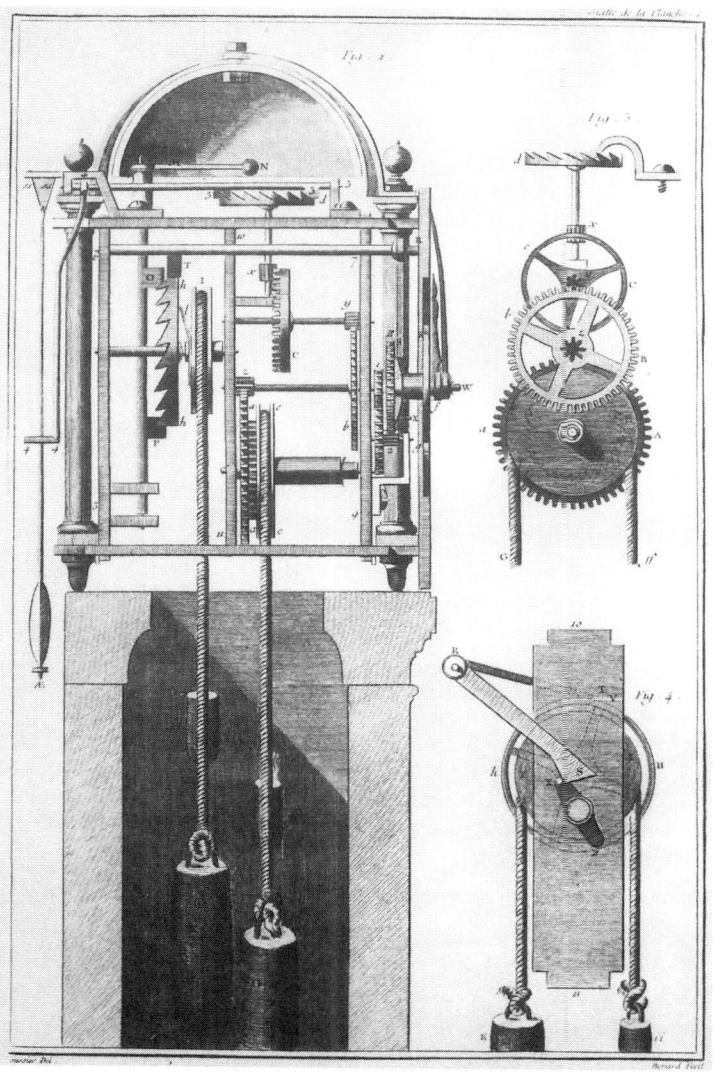

Räderwerk einer federgetriebenen Penduluhr
in Platinenbauweise mit Spindelhemmung, Paris 1765

Jost Bürgi
aus Lichtensteig im Toggenburg, 1552–1632

Apotheker, die sich ein anständiges Haus, gute Kleidung und zahlreiche Annehmlichkeiten leisten konnten. Beide Tatsachen, die eine auf der Angebots-, die andere auf der Nachfrageseite, bedingen sich gegenseitig, und die eine war nur vorhanden, solange es die andere gab. Denn im Europa des 16. und 17. Jahrhunderts lebten nicht nur Handwerker, die in der Lage waren, Uhren zu bauen, sondern auch eine relativ große Zahl von Menschen, die sich den Kauf einer Uhr leisten konnten. So ist es wenig verwunderlich, daß immer mehr Uhren hergestellt wurden.

Mit den tragbaren Uhren und Taschenuhren ging es ähnlich wie vorher mit den öffentlichen Uhren: Eine Zeitlang richteten die Uhrmacher ihre Anstrengungen hauptsächlich darauf, Uhren mit ungewöhnlichen Formen und komplizierten Mechanismen auszustatten, die die Bewegungen der Himmelskörper und / oder das Datum anzeigten. Auch im ganzen 16. Jahrhundert wurde die Genauigkeit nur wenig verbessert. Immer öfter besaßen die Uhren allerdings Minutenzeiger, und in den Museen finden sich einige außergewöhnliche Exemplare, deren Genauigkeit durchaus

Bergkristalluhr von Jost Bürgi,
zwischen 1622 und 1627 entstanden

zufriedenstellend ist, wie beispielsweise die der Uhren von Jost Bürgi und Jost Bodeker.[32] Diese Einzelbeispiele sollte man jedoch nicht voreilig verallgemeinern, denn diese Museumsstücke sind nicht repräsentativ. Solange der Hemmungsmechanismus nicht verbessert und andere Probleme der Mechanik nicht gelöst waren, ließen sich Uhren mit zufriedenstellender Präzision nicht herstellen.

BIS ZUM ENDE des 15. Jahrhunderts blieb, wie gesagt, die Nachfrage nach Uhren begrenzt und erlaubte in keinem Fall die Herausbildung eines spezialisierten Berufsstandes. Die ersten Uhrmacher waren Schmiede oder Schlosser oder Kanonengießer, d. h. mit anderen Worten Handwerker der Metallverarbeitung, die in Ausnahmefällen Uhren bauten oder reparierten. Zu Beginn des 15. Jahrhunderts nannte sich ein Jacques Yolens »Uhrmacher und Kanonenbauer«, ähnlich wie Meister Pierre Cudrifin aus Fribourg, der *magister bombardarum et horologiorum* war. In Caffa, dem genuesischen Besitztum auf der Krim, wurde 1455 ein Ubaldinus de Florentia ebenfalls als *bombarderius et magister orologii comunis* bezeichnet. Von Henrichus, einem Kleriker, der seit 1474 für die Uhr der Kirche San Gottardo in Mailand verantwortlich war, hieß es, er wisse über Kanonen besser Bescheid als der Teufel. Noël Cusin, der gegen Ende des 15. Jahrhunderts die Uhr der Kathedrale von Autun zu überwachen hatte, baute Uhren, Orgeln und Kanonen. Auch der in Lissabon tätige, vermutlich aus Deutschland gebürtige Meister Giovanni war zugleich Kanonen- und Uhrmacher, und es gibt noch viele derartige Beispiele. Die pittoreske Mischung verschiedener Handwerkerstätigkeiten hielt sich noch lange dort, wo sich die Uhrenherstellung nicht zu einem einigermaßen ertragreichen Wirtschaftszweig entwickelte. Im dänischen Flensborg baute noch 1550 ein Gert Merfelden sowohl Kanonen als auch Uhren, und zu Beginn des 17. Jahrhunderts stellte ein Handwerker im ebenfalls dänischen Randers zugleich Uhren und Deichseln her. Im schottischen Dundee leistete der

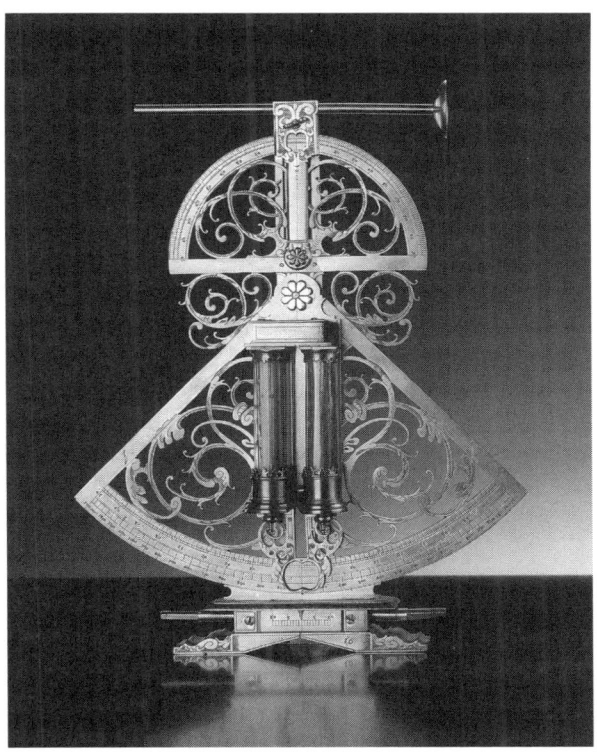

Geschützaufsatz, Viktor Stark, Dresden 1635

Schmied und Kanonenbauer Patrick Ramsay um 1580 »bemerkenswerte Dienste, indem er sich kundig um die Turmuhr der Marienkirche« kümmerte. Im 17. Jahrhundert war im schweizerischen Basel die Berufsbezeichnung »Schlosser und Uhrmacher« durchaus geläufig, und in Berlin waren sogar um 1730 die Handwerker, die Wand- oder Taschenuhren reparierten, im Hauptberuf Schlosser.

In jenen Teilen Europas, in denen es noch kaum Metallverarbeitung und mechanisches Handwerk gab, kamen die Uhrmacher meist aus dem Ausland. In Katalonien beispielsweise waren die meisten Uhrmacher Juden. Im England des 14. Jahrhunderts waren die Erbauer der Uhren von Salisbury und Wells Ausländer, die von dem ebenfalls aus dem Ausland stammenden Bischof Erghum ins Land gerufen worden waren. Im Jahr 1368 bot Edward III. den holländischen Uhrmachern John Vueman, William Vueman und John Lietuyt aus Delft, »die ins Königreich kommen, um ihr Handwerk auszuüben«, Schutz und freies Geleit an.[33] Um 1360 baute ein Mönch aus Venedig für den Papst in Avignon eine Uhr. In Schweden befaßten sich im 15. Jahrhundert die Mönche des Klosters Vadstena mit der Uhrmacherei, und einer von ihnen baute 1507 die astronomische Uhr des Domes von Uppsala. Im schottischen Aberdeen wurde 1537 die städtische Uhr »von Bruder Alexander Lyndsay vollständig renoviert«.[34]

Im deutschen Kulturraum lebten im Mittelalter relativ viele fähige Uhrmacher und Schmiede. Die deutschen Handwerker hatten schon früh einen ausgezeichneten Ruf und wurden sogar nach Frankreich und Italien geholt, wo keineswegs Mangel an einheimischen Arbeitern herrschte. Als Karl V. von Frankreich 1370 eine öffentliche Uhr in seinem Palast anbringen wollte, rief er einen deutschen Handwerker, der sich in Frankreich dann Henry de Vic nannte. Der deutsche »Schlosser«, der 1407 »eine kleine Uhr für die Gemächer der Königin« baute, behielt seine Herkunft auch noch in seinem französischen Namen Jehan d'Alemaigne bei. Im 15. Jahrhundert arbeiteten deutsche Uhrmacher in Mailand, Rom und anderen italienischen Städten. Aber wenn es auch bis zum Ende des 15. Jahrhunderts in einigen Teilen Europas mehr Uhrmacher und Schmiede gab als in anderen, so existierte doch noch kein auf die Uhrmacherei spezialisiertes Zentrum. Die Uhren wurden meist dort gebaut, wo sie gebraucht wurden, und es waren die Handwerker, die herumreisten, nicht ihre Produkte. Die Uhrmacher waren gesucht, weil es nur wenige gab, aber für die Konzentration von Uhrmachern an einem bestimmten Ort reichte die Nachfrage nicht aus. Aus all diesen Gründen und weil sich ihre Arbeit noch nicht genügend von anderen Metallberufen unterschied, besaßen die Uhrmacher keine eigene Zunft. Am

Miniatur aus den *Horologium Sapientiae*
(um 1549) von Heinrich Seuse

Ausgang des Mittelalters war somit der Berufsstand des Uhrmachers bei weitem noch nicht so klar umrissen, wie dies beispielsweise im Textilgewerbe und auch in anderen Wirtschaftszweigen längst der Fall war.

Im 16. und 17. Jahrhundert dagegen nahm, wie gesagt, die Nachfrage nach Uhren beständig zu, und diese Nachfrage beförderte die Herausbildung von festen Berufsgruppen. Zunächst taten sich Augsburg und Nürnberg als Uhrmacherstädte hervor. Später bildeten sich andere Zentren wie Blois, Paris und Lyon heraus, und noch später, wie wir sehen werden, Genf und London. In Paris gab es um die Mitte des 16. Jahrhunderts ungefähr 20 Uhrmachermeister und eine unbekannte Zahl von Gesellen und Lehrlingen, 1640 waren es bereits 70 Meister. Blois besaß um 1600 ungefähr 17 Meister, 1639 war die Zahl bereits auf 45 gestiegen. In Lyon zählte man 1570 mehr als zehn Uhrmachermeister, ungefähr 16 im Jahr 1600, und um die Mitte des 17. Jahrhunderts zwischen 40 und 60. Augsburg besaß schon 1615 43 Uhrmachermeister und ebenso viele Arbeiter, die von auswärts zugewandert waren und noch nicht das Bürgerrecht besaßen. London hatte 1620 schon 60 Meister. In einigen Städten, in denen die Zahl und das Einkommen der Uhrmacher zugenommen hatten, schlossen sie sich zu einer eigenen Zunft zusammen: in Paris 1544, in Blois 1597, in Genf 1601, in Toulouse 1608, in London 1631, in Lyon 1658–60, in Den Haag 1688, in Stockholm 1695 und in Kopenhagen 1755. Diese Fälle dürfen jedoch nicht verallgemeinert werden. In vielen Städten brachten es die Uhrmacher nie zu einer eigenen Zunft, sondern gehörten immer zu den Schmieden. In vielen anderen Städten gab es bis in jüngste Zeit überhaupt keine Uhrmacher. In Italien beispielsweise, das im Mittelalter beim Uhrenbau noch zur Avantgarde gehörte, entwickelte sich weder für Wand- noch für Taschenuhren ein bedeutendes Produktionszentrum. Es gab zwar einige hervorragende Uhrmacher, und fähige Handwerker aus Frankreich und Deutschland wurden häufig an italienische Fürstenhöfe eingeladen. Aber im Verlauf des 16. und 17. Jahrhunderts erlebte Italien einen drastischen gesellschaftlichen Rückschritt und einen Niedergang von Handel und Gewerbe. Es gab nur wenige Handwerker, die unter dem Schutz von Fürsten, Päpsten und hoher Geistlichkeit arbeiteten und Kunstwerke für einen begrenzten Kreis von Adeligen schufen.

Solange die meisten Instrumente zur Messung der Zeit große öffentliche Uhren aus Eisen oder Bronze waren, verwundert es kaum, daß sie von Schmieden, Schlossern oder Waffenschmieden gebaut wurden. Erst im 16. und 17. Jahrhundert änderte sich diese Situation. Auch wenn es jetzt immer mehr Uhren in privater Hand gab, so handelte es sich doch noch um kostbare Gegenstände, die nur den Reichen zugänglich waren. Als Luxusgegenstände kamen sie der Sucht der Spätrenaissance und des Barock nach verschwenderischer Prachtentfaltung entgegen. Die Handwerker, die diese neue Mode befriedigen wollten, mußten eher Gold- als Hufschmiede oder Schlosser sein. In Frankreich, Deutschland, Italien und anderen Ländern kam es daher zu einer klaren Trennung zwischen den »Herstellern von großen öffent-

Uhrmacherwerkstatt im 15. Jhdt.

lichen Uhren« und denjenigen von »kleinen Wand- und Taschenuhren«. Für den Bau von Zimmer- und Taschenuhren wurden
häufig Edelmetalle verwendet, und wer sich auf die Herstellung
reich ausgestatteter Uhren spezialisierte, mußte viel Betriebskapi-
tal investieren. Uhrmacher mit vermögender Kundschaft und
fürstlicher Protektion konnten auch auf besondere wirtschaftliche
Privilegien zählen. In Städten wie Genf entwickelte sich auf diese
Weise ein bedeutendes Uhrmachergewerbe, und die Uhrmacher
erwarben sich hohes gesellschaftliches Ansehen. Aber im allgemeinen waren die Uhrmacher keineswegs reich, und die Uhrenherstellung wurde nie als besonders einträgliches Gewerbe angesehen. Eine französische Quelle vom Ausgang des 16. Jahrhunderts,
in der für die Steuerveranlagung die in Paris ausgeübten Berufe
in fünf Einkommensklassen eingeteilt werden, ordnet die Uhrmacher in die dritte Klasse ein. In den Niederlanden wurden die

Uhrmacherwerkstatt,
Ende des 16. Jahrhunderts

Berufe um die Wende des 17. zum 18. Jahrhundert in vier Klassen
eingeteilt, und die Uhrmacher sind der vorletzten Klasse zuge-
rechnet. Dabei setzten solche Klassifikationen die angenomme-
nen Einkommen eher zu hoch als zu niedrig an.

Wer aber waren die Uhrmacher und welcher gesellschaftlichen Schicht entstammten sie? Der bereits erwähnte Giovanni
de' Dondi bildet eine Ausnahme, wenn auch keinen Einzelfall, und
das gleiche gilt für die Mönche, die Uhren bauten. Die große
Mehrzahl der Uhrmacher kam aus der breiten Schicht einfacher
Handwerker. Von den 33 zwischen 1550 und 1650 in Lyon arbeitenden Uhrmachern, von denen wir den Beruf des Vaters kennen,
waren dreizehn Söhne von Uhrmachern und acht Söhne von
Goldschmieden, Schlossern, Lehrern und Schneidern. Von den
übrigen zwölf war je einer der Sohn eines Apothekers, eines Chirurgen, eines Schusters, eines Eisengießers, eines Waffenschmieds,
eines Münzmeisters, eines Spitzenfabrikanten, eines städtischen

Englischer Uhrmacher,
Kupferstich, 1748

Beamten, eines Geistlichen, eines Schreiners, eines Connétable
und eines Handlangers. Von den zwischen 1550 und 1700 in Blois
arbeitenden Uhrmachern und ihren Lehrlingen waren mehr als 65
Söhne von Uhrmachern, nur vier Söhne von Kaufleuten, je drei
waren Söhne von Goldschmieden und Schreinern, zwei Söhne
von Chirurgen, je einer der Sohn eines Apothekers, eines Geistlichen, eines Notars, eines Architekten, eines Waffenschmiedes,
eines Rüstungsschmieds, eines Schneiders, eines Schlossers, eines
Connétable und eines Steuereintreibers. Andere Beispiele aus anderen Städten bestätigen dieses Bild. In Genf wurde 1569 der
Sohn eines Waffenschmiedes Uhrmacherlehrling, 1672 wird der
Sohn eines Philosophielehrers erwähnt und 1674 der Sohn eines
Arztes. Unter den namentlich bekannten englischen Uhrmachern
war Thomas Tompion Sohn eins Schmiedes, John Harrison Sohn

Astrologe mit Astrolab und Schlaguhr,
16. Jhdt.

eines Schreiners, Thomas Mudge Sohn eines Geistlichen und nur John Arnold Sohn eines Uhrmachers. Jacob Deburges, der aus England stammte und um 1590 nach Blois umsiedelte, war Sohn eines Buchhändlers. In Basel wissen wir im 17. Jahrhundert von zwei Söhnen von Uhrmachern und dem Sohn eines Diakons, die das Uhrmacherhandwerk erlernen wollten. Dort, wo es bereits eine Uhrmacherzunft gab, beeinflußten natürlich die Gesetze des Zunftwesens die soziale Zusammensetzung der Gruppe. Auf der einen Seite verstärkte und institutionalisierte die Zunft die Trennung zwischen Meistern, Lehrlingen und Gesellen, auf der anderen begrenzte sie den Kreis derer, die Meister werden konnten und verstärkte die Tendenz zur Erblichkeit des Berufs innerhalb bestimmter Familien.

Im allgemeinen beschäftigten sich die Gebildeten im Mittelalter kaum mit Maschinen, aber die Uhren bildeten wegen ihrer Beziehung zur Astronomie eine Ausnahme. Wie gesagt haben Mönche und die Gebrüder Dondi, die beide *philosophie, medicine et astrologie doctores* an der Universität Pavia waren, für die Uhrmacherei eine große Rolle gespielt. In der Renaissance dagegen, als die Uhr unter den wohlhabenden Klassen immer mehr Mode wurde, zog sie auch als mechanische Konstruktion das Interesse der Gebildeten auf sich. Vasari berichtet von Filippo Brunelleschi: »Als er einige gelehrte Leute kennen gelernt hatte, beschäftigte sich seine Phantasie mit dem Maaß der Zeit, und mit der Bewegung der Räder und Gewichte; er sann nach, wie man es zu machen habe, daß sie sich drehen, und verfertigte einige sehr gute und schöne Uhren.«[35] Lorenzo della Volpaia war ein »außergewöhnlicher Uhrmachermeister und ein sehr guter Astrologe« und baute für Lorenzo den Prächtigen eine sehr genau gehende öffentliche Uhr.[36] Im 16. Jahrhundert arbeiteten die beiden berühmten Mathematiker Chrétien Herlin und Conrad Dasypodius an der großen öffentlichen Uhr in Straßburg.

Das Interesse der Gelehrten von Beruf oder aus Liebhaberei (eine Unterscheidung, die im übrigen noch nicht sehr ausgeprägt war) für die Uhrmacherei erreichte seinen Höhepunkt im 17. Jahr-

»Der Schöpfer mißt die Welt mit dem Zirkel«,
Mitte des 13. Jahrhunderts

hundert, als die »wissenschaftliche Revolution« ihre ganze
Durchschlagkraft entwickelte. Das neue mechanistische Bild des
Universums und des menschlichen Lebens, das in gewisser Weise
bis heute Gültigkeit besitzt, hängt eng zusammen mit der Entwicklung der Uhrmacherkunst, und die Vertreter der neuen Wissenschaft nahmen in ihren philosophischen Spekulationen nicht
zufällig darauf Bezug. Für Kepler beispielsweise glich das »Universum nicht einem Lebewesen, sondern der Uhr«. Robert Boyle
schrieb, das Universum sei ein »Juwel der Uhrmacherkunst«.
Auch für Descartes funktionierte die Welt nach den Gesetzen der
Mechanik, und Mensch und Tier waren Automaten. Im Rahmen

»Die Seefahrtsschule«,
nach *L'ardente au flamboyante Colonne de la Mer* von J. Colon

dieser ausgesprochen mechanistischen Weltanschauung nahm auch Gott selbst keine Sonderstellung ein und wurde oft als ein besonders geschickter Uhrmacher dargestellt.

Darüber hinaus wurden im 16. und 17. Jahrhundert die großen astronomischen Entdeckungen gemacht und die Hochseesegler wagten sich auf alle Weltmeere. Astronomen und Seefahrer benötigten gleichermaßen Präzisionsinstrumente zur Bestimmung der Längengrade und der genauen Sternenposition. Der Bau genauerer Uhren aber setzte wiederum die Lösung einer Reihe grundlegender Probleme der Mechanik voraus, die die Basis für die wissenschaftliche Revolution selbst bildete. Zu den Wissenschaftlern, die sich mit der Zeitmessung und dem Uhrenbau beschäftigten, gehörten Galileo Galilei, Christian Huygens, Robert Hooke, Godefroy Wendelin, Nicolas Fatio und Wilhelm Leibniz.[37]

Bis zur Mitte des 17. Jahrhunderts wurden Uhren ausschließlich nach dem genialen, aber doch primitiven Prinzip der Spindelhemmung mit Waagbalken (Foliot) gebaut [vgl. S. 37]. Als sich die Vorreiter der neuen Wissenschaft im Laufe des 17. Jahrhunderts

Pendeluhr, Rekonstruktion nach einem Entwurf
von Galileo Galilei um 1640

Pendeluhr von Christian Huygens,
1657

Werkzeug zum Spalten des Räderkranzes, 18. Jhdt.

mit den Problemen der Zeitmessung beschäftigten, wandten sie auch auf die Uhrmacherkunst Kriterien der technischen Analyse und des systematischen Experimentierens an. Daraus resultierte eine ganze Reihe revolutionärer Entdeckungen und ein regelrechter technologischer Entwicklungssprung. Die wichtigste Etappe bildete dabei die Benutzung des Pendels anstelle des Waagbalkens (Foliot) mit Spindelhemmung. Galilei schwebte eine ähnliche Lösung vor, aber es war Christian Huygens, der dieses Problem zwischen 1650 und 1660 löste.

Die Verwendung des Pendels eröffnete die Epoche der Präzisionsinstrumente und markiert einen Wendepunkt in der Geschichte der Uhrmacherkunst, wie er typisch ist für das Jahrhundert der wissenschaftlichen Revolution.

Die Uhrmacherkunst ist der erste gewerbliche Bereich, wo die theoretischen Entdeckungen der Physik und Mechanik praktisch umgesetzt wurden. Und die Uhrmacherkunst ihrerseits beeinflußte den allgemeinen Entwicklungsrhythmus der angewandten Mechanik und spielte eine führende Rolle bei der Verbesserung wissenschaftlicher Instrumente. Darüber schreibt M. Daumas in seinem grundlegenden Werk über die naturwissenschaftlichen Instrumente: »Seit den ersten mechanischen Präzisionsinstrumenten gehen alle grundlegenden Fortschritte bis auf den heutigen Tag auf das Konto der Uhrmacherkunst ... Die Uhrenbauer erdachten Instrumente, mit deren Hilfe sie präzise die diffizilen Aufgaben ihres Berufes ausüben konnten. Sie mußten dazu die Eigenschaften der verschiedenen Kupfer- und Stahlarten analysieren, die sie verwendeten, die thermische Ausdehnung der Metalle, die Elastizität und Widerstandskraft der Federn. Sie entwickelten und vervollkommneten Maschinen zur Herstellung einiger ihrer einfacheren Instrumente.

Unabhängig von den Erfindungen bei den Uhren selbst stellten die Uhrmacher einen immer vollkommeneren Apparat von Ausrüstungen in den Dienst der Mechanik, der direkt oder indirekt für alle Hersteller von Präzisionsinstrumenten von Nutzen war. Es ist kein Zufall, daß die ersten Präzisionsuhren im selben Jahrhundert auftauchen, in dem die industrielle Herstellung von wissenschaftlichen Präzisionsinstrumenten im allgemeinen beginnt.«[38]

IM JAHRE 1745 schrieb J. Cary über den englischen Uhrenexport: »Abgesehen von der handwerklichen Fähigkeit und der Arbeit ist wenig vorhanden, denn die Materialien der Uhren sind von geringem Wert.«[39] Ähnlich schätzte im Jahre 1843 in Genf J. A. Bloch Borel den Anteil des verwendeten Goldes und Silbers am Wert der Uhren nur auf zwei Siebtel, den der Arbeit auf fünf Siebtel.[40] Vielleicht hatten die Rohstoffe in den vorausgegangenen Jahrhunderten ein größeres Gewicht, aber auch in dieser Zeit kann der Anteil der Arbeit bei den Produktionskosten kaum
setzt werden. Hinzuzufügen wäre, daß für die Wand

uhren nur wenig Material gebraucht wurde, das trotz der hohen Transportkosten leicht beschafft werden konnte. Das Vorhandensein von Rohstoffen hatte daher keinerlei Bedeutung für den Standort. Eine wesentlich größere Rolle spielten die Nachfrage nach Uhren und die Verfügbarkeit von spezialisierten Arbeitskräften. Der Aufschwung der Uhrenindustrie in Blois und Paris war ohne Zweifel durch die Nachfrage des Hofes, des Adels und der reichen Bourgeoisie angeregt. Die Nachfrage bildete allerdings eine notwendige, aber keine ausreichende Voraussetzung, um die Konzentration der Uhrenherstellung in bestimmten Gegenden zu erklären: Man muß auch die Verfügbarkeit von spezialisierten Arbeitskräften in Betracht ziehen.

Wie gesagt, existierten bis zum Ausgang des 15. Jahrhunderts keine eigentlichen Zentren der Uhrenherstellung, die diesen Namen verdienten. Um die Wende des 15. zum 16. Jahrhundert entwickelten sich aber Augsburg und Nürnberg in diese Richtung. Beide Städte waren im Mittelalter für die Metallverarbeitung bekannt, und beide Städte boten als große Handelsstädte ausgezeichnete Exportmöglichkeiten. Die Verbindung beider Faktoren trug zur Ansiedlung und Blüte des Uhrmacherhandwerks bei.

Zu Beginn des 16. Jahrhunderts waren die Augsburger und Nürnberger Uhrmacher und ihre Produkte in ganz Europa bekannt, und ihr Ruhm nahm durch die Erfindung der Taschenuhr noch weiter zu, die fälschlicherweise Peter Henlein aus Nürnberg zugeschrieben wurde.[41] Wir besitzen keine Angaben über die Zahl der Uhrmacher in Nürnberg. Aber für Augsburg belegen drei Erhebungen aus den Jahren 1610, 1615 und 1619, daß in der Stadt ungefähr 40 Uhrmachermeister und ungefähr ebenso viele Gesellen und Lehrlinge arbeiteten.

Seit Mitte des 16. Jahrhunderts erlebte die Wirtschaft Nürnbergs und Augsburgs einen Niedergang, aber der Ruf des Uhrmacherhandwerks der beiden Reichsstädte war noch bis in die ersten Jahrzehnte des 17. Jahrhunderts lebendig. Auch Ende des 16. Jahrhunderts florierte der Export von Uhren aus Augsburg und Nürnberg, und der Italiener T. Garzoni schrieb, »die Germanen

Huldigung des Augsburger Gewerbes
an Kaiser Leopold I., Kupferstich
von Joseph Werner, um 1680

sind heute stolz auf dieses Handwerk, weil alle schönen und genauen Uhren von dort kommen.«[42] Um 1660 war Fynes Moryson der Überzeugung, daß »in der Handwerkskunst die Holländer geschickter sind als die Deutschen und sie in allen Handwerken und Berufen übertreffen... aber man muß zugeben, daß die Deutschen aus Nürnberg als die besten Uhrmacher gelten.«[43] Der wirtschaftliche Niedergang in Italien und den südlichen Niederlanden, mit denen Nürnberg und Augsburg hauptsächlich Handel getrieben hatten, und die Verwüstungen des Dreißigjährigen Krieges (1618–48) beendeten die Überlegenheit von Augsburg und Nürnberg auf dem Gebiet der Uhrmacherkunst. Nach einer Erhebung aus dem Jahre 1645 arbeiteten zu diesem Zeitpunkt nur noch sieben Uhrmachermeister in Augsburg.

Die Uhrmacher hatten vieles mit den übrigen Handwerkern der Zeit gemein. Ohne allzu große Verallgemeinerungen läßt sich sagen, daß auch sie in der Jugend gewalttätig und zügellos, streitsüchtig als Erwachsene und unehrlich waren, so oft sich eine Gelegenheit bot. Sie unterschieden sich jedoch von den anderen Handwerkern durch ihren Bildungsgrad, obwohl auch unter ihnen einige Analphabeten waren. Die Bildung zahlreicher Uhrmacher ging über das bloße Beherrschen der Schrift hinaus. Julien Coudray und Guillaume Coudray, zwei Uhrmacher im Blois der zweiten Hälfte des 16. Jahrhunderts, besuchten die Königliche Bibliothek. Christopher Piron, der 1637 in Blois starb, hinterließ unter seinen Gütern *une quantité de livres d'astrologie* und Jacques Duduict, der zu Beginn des 17. Jahrhunderts in Blois lebte, betätigte sich sogar selbst als Schriftsteller. Meister Jehan Flanc, der *horlogeur de la Ville* der Stadt La Rochelle, wo er 1616 starb, war *sçavant aux mathematiques et aux fortifications.*[44] Die Herstellung von Uhren erforderte Zeichenkenntnisse und ein Uhrmacher mußte auch rechnen können. In zahlreichen Lehrlingsverträgen wurde beispielsweise in Genf im 17. Jahrhundert ausdrücklich festgehalten, daß der Meister dem Lehrling »Lesen und Schreiben beibringen muß, und dies besonders im ersten Lehrjahr«.[45]

Vielleicht wurden viele Uhrmacher gerade wegen ihres vergleichsweise guten Bildungsgrades zu Anhängern der Reformation. Von den 90 Uhrmachermeistern, die zwischen 1550 und 1650 im katholischen Lyon arbeiteten und deren Glaubenszugehörigkeit wir kennen, waren 50 Katholiken und 40 Protestanten. Für Paris verfügen wir über keine genauen Zahlen, es gibt aber Indizien, die dafür sprechen, daß die Lage der in Lyon nicht unähnlich war, und auch in anderen Orten wie Blois oder La Rochelle finden sich zahlreiche Nachrichten über zum Protestantismus konver-

tierte Uhrmacher. Es ist sicher nicht abwegig, einen Zusammenhang zwischen dem Bildungsgrad und der Teilnahme an der Reformation zu sehen, die ja auf der Kenntnis der Heiligen Schrift
basierte. Fest steht jedenfalls, daß zahlreiche Uhrmacher besonders in den südlichen Niederlanden und in Frankreich unter religiösen Verfolgungen zu leiden hatten, und deshalb besonders oft
in der Geschichte jener Wanderungsbewegungen zu finden sind,
die im Laufe des 16. und 17. Jahrhunderts die ökonomischen Kräfteverhältnisse in Europa nachhaltig veränderten.

Dies ist einer der faszinierendsten Aspekte der Sozialge-
schichte des Uhrmacherwesens jener Epoche. Bis mindestens
zum Ende des 17. Jahrhunderts benötigte das Gewerbe keine allzu
aufwendige Ausstattung oder besondere Organisation. Wenn eine
befriedigende Nachfrage bestand, reichte eine geringe Zahl von
Handwerkern für die Schaffung eines wichtigen Produktionszen-
trums aus. Wie erwähnt, waren um die Mitte des 16. Jahrhunderts
in Paris weniger als zwei Dutzend Uhrmachermeister tätig und
auch in dem für seine Uhren berühmten Lyon gab es nicht wesentlich mehr Meister. Um ein Uhrenzentrum zu zerstören oder
aufzubauen, genügte es, ein Dutzend Handwerksmeister zu vertreiben oder zu versammeln. Heute ist die Uhrenherstellung nicht
mehr so anfällig, aber wenn man an die Hochtechnologie denkt,
könnte die gezielte Ausschaltung von einem Dutzend Wissenschaftlern durchaus einen empfindlichen wissenschaftlichen und
damit auch wirtschaftlichen Sektor zum Erliegen bringen. Nürnberg und Augsburg gerieten als Zentren des Uhrenhandwerks in
die Krise, Genf und London nahmen bald ihre Stelle ein, und in
beiden Städten basierte die Entwicklung des Gewerbes auf der
Zuwanderung von Flüchtlingen aus religiösen Gründen.

Im Jahr 1449 gab es in Genf nur einen einzigen Uhrmacher,
und in der Steuerrolle von 1464 wird kein einziger erwähnt. Noch
1515, als die Uhr der Kirche Saint-Pierre stehenblieb, gab es in der
Stadt keinen Uhrmacher, der sie hätte reparieren können. Nach
der Jahrhundertmitte kamen die ersten Uhrmacher als religiöse
Flüchtlinge aus ihren Heimatländern nach Genf: Philippe Bon

und Meister Bayard aus Lothringen, Meister Somellier aus Dieppe, Laurent Drondelle aus Paris, Pierre Charpentier aus Orléans, Pierre de Fobier aus dem Languedoc. Diese Aufzählung ließe sich beliebig fortsetzen, denn es gab Uhrmacher aus den südlichen Niederlanden, aus Italien, aus Deutschland, vor allem aber aus Frankreich. Zur damaligen Zeit standen die Tore der Stadt für religiöse Flüchtlinge weit offen. Nachdem Calvin die Partei der Freidenker um Michael Servet ausgeschaltet hatte, mußte ihm daran gelegen sein, die Zahl seiner Gefolgsleute zu erhöhen. Die große Zahl von Zuwanderern scheint keine wirtschaftlichen Schwierigkeiten hervorgerufen zu haben. Im Gegenteil, die Zunahme der Bevölkerung war begleitet von einem beachtlichen Wirtschaftsaufschwung. Denn einerseits waren die Zuwanderer vor allem spezialisierte Handwerker, und zum anderen war Genf seit jeher eine bedeutende Handels- und Messestadt, die hervorragende Exportmöglichkeiten bot. Die wirtschaftliche Blüte zog schließlich auch Leute an, die – wie ein zeitgenössisches Dokument mißbilligend vermerkt – mehr die Möglichkeit suchten, »ihr Handwerk auszuüben, als nach dem Evangelium zu leben«. Unter den Flüchtlingen bildeten die Uhrmacher zwar nicht die Mehrzahl, aber, wie gesagt, genügte in der damaligen Zeit eine geringe Zahl von Meistern, um ein wichtiges Produktionszentrum zu bilden, und außerdem folgten auf die ersten Einwanderer bald viele andere. Um 1600 besaß Genf zwischen 25 und 30 Uhrmachermeister und eine unbekannte Zahl von Gesellen und Lehrlingen. Zwischen 1680 und 1690 waren nach den Berechnungen von Gregorio Leti mehr als 100 Uhrmachermeister und ungefähr 300 Lehrlinge und Gesellen in der Stadt tätig, die jährlich mehr als 5000 Uhren produzierten.

Auch in London war die Situation ähnlich, und auch dort war der Zustrom von Flüchtlingen entscheidend. Bis ins ausgehende 16. Jahrhundert war die Rückständigkeit Englands in der Uhrmacherei eine ausgemachte Tatsache. Als Heinrich VIII. einige Arbeiten an der Uhr von Nonsuch Palace ausführen lassen wollte, mußte er auf französische Uhrmacher zurückgreifen. Nicholas

Cratzer, »Planer der Uhren des Königs«, stammte aus Bayern. Erst um 1580 läßt sich die Existenz eines Herstellers von Taschenuhren nachweisen, während vorher keinerlei Hinweis zu finden ist. Noch vor der Jahrhundertwende begann sich die Lage jedoch zu ändern. Die Nachfrage nach Uhren nahm zu, und außerdem kamen immer mehr ausländische Handwerker nach England. Nicholas Urseau, der Uhrmacher der Königin Elisabeth, stammte aus Frankreich. Auch François Nawe, der um 1580 in London Uhren herstellte, scheint dem Namen nach gebürtiger Franzose gewesen zu sein. Das Vorbild, das die Einwanderer ins Land brachten, traf auf fruchtbaren Boden, denn die Engländer der elisabethanischen Zeit zeichneten sich durch Verhaltensweisen aus, die man heute gelegentlich den Japanern zuschreibt. Die ersten von englischen Handwerkern in den letzten Jahrzehnten des 16. Jahrhunderts hergestellten Taschenuhren erweisen sich als genaue Nachbildungen französischer und deutscher Modelle ohne jede Originalität. Eine Taschenuhr von Bartholomew Newsam, der an der Stelle von Nicholas Urseau 1572 zum Uhrmacher der Königin Elisabeth ernannt worden war, hat eine durchbrochene Kalotte nach deutschem Vorbild. Die von Randolf Bull in London hergestellte Uhr, die sich heute in der Sammlung Mallet des Ashmolean Museums in Oxford befindet, ist ein ausgezeichnetes Beispiel für die Kombination verschiedener Einflüsse: Das Uhrwerk ist französisch, das Gehäuse deutsch, und das Zifferblatt richtet sich nach der in Deutschland, nicht aber in England üblichen Stundeneinteilung.[46] In verschiedenen Fällen stellten die englischen Uhrmacher die Mechanik selbst her, verwendeten aber Gehäuse vom Kontinent, die an Qualität und Formschönheit die in England hergestellten Modelle bei weitem übertrafen.

Die englischen Uhrmacher waren zwar gern bereit, die Produkte ihrer ausländischen Kollegen nachzubauen, aber keineswegs erfreut über den dauernden Zustrom der Handwerker ihres Faches von jenseits des Ärmelkanals. Im Jahr 1622 protestierten die »Bürger und Bewohner Londons, die Uhren herstellen« bei der Krone wegen »Behinderung und Diskreditierung in der

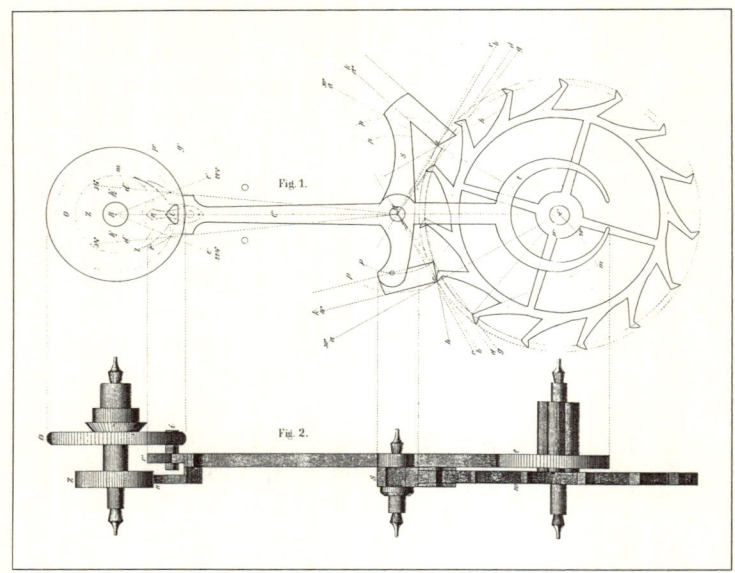

Konstruktion einer Schweizer Ankerhemmung

Ausübung ihres Handwerks durch die Invasion der vielen Ausländer in dieses Königreich« und sie warfen »den Ausländern« jede
Form von »Mißbräuchen« vor.[47] Fünf Jahre später beschwerten
sich die »freien Uhrmacher der City« neuerlich darüber, »aufs
ärgste unterdrückt« zu sein, »vom Eindringen ausländischer Uhrmacher« und besonders der »Franzosen«.[48] Nach der Namens-
liste des Protestschreibens von 1622 lebten zur damaligen Zeit 16
englische uhrenherstellende »Familienoberhäupter« und ungefähr 30 »Ausländer« als Uhrmacher in London; dazu kommen
sicher noch eine gewisse Zahl von Lehrlingen und Gesellen. Die
Namen der Ausländer sind zum größten Teil französischen Ur-
sprungs. Die meisten Franzosen waren Hugenotten. 1618 stellte
der Kronrat ein Dokument mit dem Titel *True Certificate of the
Names of the Strangers residing and dwelling within the City of
London* (Genauer Nachweis der Namen der in der Stadt London

lebenden Ausländer). Im Stadtteil Farrington wird in dieser Liste ein »Benaby Martinot, Uhrmacher, geboren in Paris, römisch-katholisch« genannt, und in Portsoken ein »John Goddard, Uhrmacher, Papist«.[49] In der Petition von 1622 findet sich auch ein gewisser Lewis Cuper, der zu einem nicht genauer präzisierten Zeitpunkt zwischen 1613 und 1622 nach London gekommen war. Zu jener Zeit waren die Cuper berühmte Uhrmacher in Blois, aber sie stammten ursprünglich aus Deutschland und waren erst in der ersten Hälfte des 16. Jahrhunderts in die französische Stadt gekommen. Auf diese Weise fanden durch die ständigen Wanderungsbewegungen handwerkliche Fähigkeiten und Technologien in ganz Europa ihre Verbreitung.

Es steht zu vermuten, daß in der Petition von 1622 die Zahl der englischen Uhrmacher absichtlich niedriger angegeben wird, aber auch wenn man die angegebene Zahl verdoppelt, ergibt sich doch immer noch, daß auch in London wie in Genf der Hauptbeitrag zum Entstehen einer Uhrenindustrie von den eingewanderten ausländischen Handwerkern geleistet worden ist. Noch 1657 bezog England Wissen und Kenntnisse vom Kontinent: In jenem Jahr ging John Fromanteel, Mitglied einer holländischen Familie, die in der ersten Hälfte des Jahrhunderts nach England übersiedelt war, zurück nach Holland, um dort die Kunst der Herstellung von Pendeluhren zu erlernen, die gerade von Huygens erfunden und von Salomon Coster gebaut worden waren. Nach Johns Rückkehr bauten die Fromanteels als erste diese Pendeluhren in England. Trotz dieser Beispiele ist festzuhalten, daß die englischen Handwerker im Laufe des 17. Jahrhunderts große Fortschritte machten und eine unbestrittene Überlegenheit über ihre Berufskollegen auf dem Kontinent erreichten. Geniale Erfinder wie Dr. Hooke (1635–1703) verbesserten die Genauigkeit der Uhren und erfanden Mechanismen wie beispielsweise die Ankerhemmung, die um 1670 aufkam. Bei der Ankerhemmung war die Abnutzung stark reduziert und außerdem gingen die Uhren genauer, weil ein langes Pendel mit begrenztem Schwingungswinkel verwendet werden konnte.

Nachtlichtuhr, Italien um 1680

In einer Zeit, in der man im Hause nur Kerzenbeleuchtung hatte, war das Ablesen der Uhrzeit in der Nacht ein schwieriges Problem. In Frankreich suchte ein Herr de Villayer diesem Problem dadurch beizukommen, daß auf dem Zifferblatt anstelle der Zahlen verschiedene Gewürze angebracht waren. Nachts sollte man dann mit dem Finger den Stand des Zeigers erspüren und durch Ablecken die Uhrzeit erfahren. Die englischen Uhrmacher

Tischuhr mit Weckvorrichtung,
süddeutsch, 16. Jhdt.

versuchten weniger gastronomische Lösungen zu finden, und in
den achtziger Jahren des 17. Jahrhunderts bauten Danile Quare
und Edward Barlow Vorrichtungen für Wand- und Taschenuhren,
die auf Knopfdruck oder durch Ziehen an einer Schnur die Stunde
schlugen.

Als England gegen Ende des 17. Jahrhunderts in der Uhrmacherkunst eine unbestrittene Überlegenheit erreicht hatte,
setzte sich auch in der Gestaltung der Gehäuse ein unverkennbar
englischer Stil durch, so typisch englisch, daß er in Frankreich auf
heftigste Ablehnung stieß. In seinem vielbeachteten Handelswör-
terbuch schrieb Jerome Savary: *Les Horloges d'Angleterre sont pro-
hibées en France pour deux raisons, la première est un ordre du Roi en
faveur de la Communauté, et la seconde c'est qu'elles ne s'y vendent pas
n'étant pas du goût des François comme celles de Genève.* (Die Uhren
aus England sind in Frankreich aus zwei Gründen verboten, zum

einen auf Befehl des Königs im Interesse der Gemeinschaft, zum anderen weil sie sich nicht verkaufen, denn sie sind nicht wie die aus Genf nach dem Geschmack der Franzosen.)[50]

IN DEN STÄDTEN London und Genf, die gegen Ende des 17. Jahrhunderts durch die Wanderungsbewegungen zu den wichtigsten Zentren des Uhrmachergewerbes geworden waren, kamen protoindustrielle Produktionsformen auf. Besonders in der zweiten Hälfte des 17. Jahrhunderts setzte sich die Spezialisierung auf die Herstellung einzelner Teile durch. Als erste spezialisierten sich die Hersteller der Federn, bald aber folgten andere. Zu Beginn des 18. Jahrhunderts konzentrierten sich in mehreren Straßen des Londoner Stadtviertels Clerkenwell Hersteller von Hemmungen, Dreher, Fräser von Uhrenteilen und andere Spezialisten. Um die Vorteile der Arbeitsteilung zu verdeutlichen, verwies man seit Beginn des 18. Jahrhunderts daher gerne auf die Uhrmacher. In Genf setzten sogar die Uhrenmonteure 1698 und die Ziselierer 1716 die Bildung einer eigenen, von den Uhrmachern getrennten Zunft durch. Diese Tendenz machte sich natürlich auch im Handel bemerkbar. Vor 1600 weiß man nur vom Handel und dem Verkauf von ganzen Uhren, danach tauchen immer mehr Belege für den Handel mit einzelnen Teilen auf, und der Uhrenverkauf wurde zu einem eigenständigen, von der Herstellung unabhängigen Geschäftszweig.

Die Zunftverfassung mit ihrer strengen Unterscheidung zwischen Meistern, Gesellen und Lehrlingen existierte weiter, aber über diesen drei Kategorien plazierte sich die numerisch geringfügige, aber wirtschaftlich bedeutsame Gruppe der Uhrenhändler, protokapitalistische Unternehmer, die den Meistern Aufträge erteilten, Kapitalvorschußzahlungen gaben und den Verkauf der Waren im In- und Ausland organisierten. Diese neue Organisationsform hat sich besonders in Genf entwickelt.

Im 18. Jahrhundert erreichte diese Entwicklung ihren Höhepunkt und führte zur Massenproduktion. Savary schrieb 1761,

Genf exportiere »ausgezeichnete ungewöhnliche Uhren, aber vor allem eine viel höhere Zahl von gewöhnlichen«.[51] Und Adam Smith bemerkte: »Ein besseres Uhrwerk kostet jetzt [18. Jhdt.] vielleicht 20 Schilling, während man um die Mitte des vorigen Jahrhunderts 20 Pfund Sterling dafür bezahlen mußte.«[52] Gleichzeitig verbesserte sich durch die technologischen Fortschritte die Genauigkeit der Uhren wesentlich. Die Kehrseite der Medaille bildete der Mangel an künstlerischer Ausgestaltung und Originalität. Uhren mit austauschbaren Teilen, die in Serie von spezialisierten Handwerkern hergestellt wurden, kündigten die Industrielle Revolution an.

Der Wandel auf der Angebotseite stand in direktem Zusammenhang mit einem Wandel auf der Nachfrageseite, nämlich von immer breiteren Gesellschaftsschichten, die sich den Kauf einer Uhr leisten konnten. Beide Tendenzen führten zu einer größeren Verbreitung der Uhren, so daß Savary 1761 mit Recht feststellen konnte, die Uhrmacherei sei »eine der aktivsten und vorteilhaftesten Zweige des Handels« geworden.[53] Es ist deshalb wenig verwunderlich, daß die Regierungen im Laufe des 18. Jahrhunderts diesem Wirtschaftszweig wachsende Aufmerksamkeit schenkten.

Die mögliche Ansiedlung einer Uhrenindustrie erregte nicht nur das Interesse der Regierungen, sondern auch das der Philosophen der Aufklärung. In der zweiten Jahrhunderthälfte versuchte der preußische König wiederholt, eine Uhrenfabrik in Berlin anzusiedeln. Einen ähnlichen Versuch machte auch der Markgraf von Baden im Jahre 1767. In Dubrovno in Weißrußland wurde 1784 eine erste Fabrik errichtet und 1792 in die Nähe Moskaus verlegt. Ungefähr um die gleiche Zeit wollte der portugiesische König in Lissabon eine Uhrenfabrik entstehen lassen. Zu Beginn des 18. Jahrhunderts leitete der Wissenschaftler Pohlen eine Uhrenfabrik im schwedischen Stjernsund, und kein geringerer als Voltaire eröffnete 1770 eine eigene Uhrenfabrik in Ferney.[54] Von diesen Initiativen hatten einige Erfolg, die meisten aber scheiterten. Die interessantesten Fortschritte jedenfalls wurden in Paris erzielt.

Paris war, wie gesagt, eines der ersten Zentren des Uhrmacherwesens. In der zweiten Hälfte des 16. Jahrhunderts bremsten jedoch politische Unruhen und Religionskämpfe die Entwicklung des Handwerks, aber in der ersten Hälfte des 17. Jahrhunderts setzte vermutlich bereits wieder ein neuer Aufschwung ein. Aus der Tatsache, daß die Uhrmacher 1646 die Zahl der in der Zunft zugelassenen Meister auf 72 beschränken wollten, läßt sich schließen, daß die Zahl der Uhrmacher in Paris noch im Steigen war. In der Mitte des 17. Jahrhunderts jedoch verschlechterte sich die Lage wiederum drastisch. Die Beschränkungen durch das Zunftwesen bremsten die Entwicklung und verhinderten Neuerungen, während gleichzeitig die Konkurrenz aus Genf immer bedrängender wurde. Diese Schwierigkeiten wurden durch den Widerruf des Edikts von Nantes im Jahr 1685 verstärkt. Die wirtschaftlichen Auswirkungen dieser Entscheidung wurden zum Teil übertrieben, aber es ist unbestreitbar, daß das Uhrmacherhandwerk davon stark betroffen war. W. C. Scoville hat zwar gezeigt, daß die Hugenotten, die Frankreich verlassen haben, nur einen kleinen Teil der aktiven Bevölkerung ausmachten, und er hat daraus den Schluß gezogen, daß die wirtschaftlichen Auswirkungen nur gering gewesen sein können. Diese Argumentation mag für diejenigen Wirtschaftszweige gelten, in denen ausreichend Arbeitskräfte vorhanden waren, aber sie gilt nicht für das Uhrmacherhandwerk, bei dem ja nur wenige Betriebe schon eine große Bedeutung besaßen. Jedenfalls hatte das Zusammenwirken der restriktiven Zunftverfassung, der Konkurrenz aus Genf und der Abwanderung wertvoller spezialisierter Arbeitskräfte verheerende Auswirkungen. Zu Beginn des 18. Jahrhunderts beschrieb eine offizielle Kommission die Krise des französischen Uhrmacherhandwerks und stellte fest, daß alle französischen Uhren mit aus London oder Genf importierten Teilen gebaut wurden. Da entschloß sich die Regierung zum Handeln, um die Bedingungen für das Uhrmacherwesen zu verbessern.

Die weitere Entwicklung in Paris ist ein Beispiel für die Paradoxie der Geschichte. Wie bereits erwähnt, verdankte London seinen Aufstieg als Uhrenstadt der Einwanderung französischer Handwerker. Um dem Handwerk Frankreichs wieder auf die Beine zu helfen, rief die Regierung zu Beginn des 18. Jahrhunderts nun englische Uhrmacher und besonders den berühmten Henry Sully zusammen mit sechs anderen Handwerkern ins Land. Die von Sully in Versailles und Saint Germain eröffneten Betriebe konnten sich zwar nicht durchsetzen und verschwanden im Lauf weniger Jahre. Dennoch war die Initiative nicht ganz ohne Erfolg, wie die Franzosen selbst anerkennen mußten, denn die französischen Uhrmacher wurden mit verbesserten Arbeitsmethoden bekannt gemacht. Die Modelle Sullys *excitèrent l'émulation parmi les horlogers de Paris* (regten den Ehrgeiz unter den Uhrmachern von Paris an).[55] Unter den französischen Uhrmachern, die nun bedeutsame Fortschritte machten, war Julien Le Roy besonders berühmt.

Der neuerliche Aufschwung des französischen Handwerks wurde jedoch durch die harte Konkurrenz der Schweizer Produkte behindert. Aus Genf überschwemmten billige Uhren den französischen Markt, und den Schweizern war jedes Mittel recht. Die Schweizer Uhrmacher verzichteten auf ihren Stempel, um ihre Uhren auch an andere Hersteller zu verkaufen, die dann nur noch ihren Namen anbringen mußten. Wenn Uhrenteile aus London verlangt wurden, zögerten sie nicht, ihren Produkten den Londoner Stempel aufzudrücken. Nach einer Aussage der Gebrüder Castel, Uhrmacher in Bourg-en-Bresse, war es den Schweizern gelungen, die Mönche von Saint Germain de Prés in Paris zu bestechen, um das Kloster als Warenlager zu benutzen. Auf diese Weise konnten sie ihre Uhren in Paris zollfrei verkaufen. »Die Schweizer Uhrmacher ruinieren unsere Produkte«, beklagte sich Deliard um die Mitte des 18. Jahrhunderts und die Gebrüder Castel fügten hinzu, daß »durch diese Waren aus Genf jährlich beträchtliche Mengen Geldes außer Landes gehen«.[56]

Diese und andere Schwierigkeiten konnten den Wiederaufschwung des französischen Uhrmacherwesens jedoch nicht gänzlich verhindern. Für Wirtschafts- und Sozialhistoriker sind die

Runde, emaillierte Kleinuhr,
Julien Le Roy (1686–1759)

zwei Jahrhunderte französischer Wirtschaftsentwicklung zwischen
1550 und 1750 immer wieder faszinierend. Oberflächlich gesehen
scheint das Land am Rande des völligen Zusammenbruchs zu stehen, und keinerlei Anzeichen deuten auf eine mögliche Erholung
hin. Aber besonders beim Uhrmacherhandwerk setzt unzweifelhaft bereits um 1720 ein andauernder Aufschwung ein, und noch
vor der Jahrhundertwende gehörte Paris neben London und Genf
zu den wichtigsten Zentren des Uhrmacherwesens. Um 1770 war
in einer italienischen Enzyklopädie zu lesen, die englischen Handwerker genössen in Europa hohes Ansehen wegen der Präzision
und Schönheit ihrer Produkte, sie würden aber in beidem von den

Pariser Uhrmachern noch übertroffen.[57] Vor der Französischen Revolution arbeiteten in Paris wahrscheinlich mehr als 400 Uhrmachermeister, und sogar in London wurden französische Taschenuhren verkauft. Trotz des französischen Aufschwungs behielten jedoch auf dem internationalen Markt die Produkte aus London und Genf dank einer effizienteren Verkaufsorganisation bei weitem die Oberhand. In London wurden jährlich durchschnittlich 80 000 Uhren für den Export und ungefähr 50 000 Uhren für den heimischen Markt hergestellt. Genf kam wahrscheinlich auf eine durchschnittliche Produktion von 70 000–80 000 Exemplaren hauptsächlich für den Export. Die Uhren aus London und Genf waren damals nicht nur in Europa, sondern auch in der Türkei und im fernen, exotischen China bekannt und geschätzt.

DIE CHINESISCHEN MANDARINE
UND »DIE GLOCKEN,
DIE VON SELBST SCHLAGEN«

Jesuitischer Missionar führt dem
Kaiser K'ang Hsi wissenschaftliche Instrumente vor,
Kupferstich von Johann Wilhelm Meil, 1782

Die christliche Mission und die Suche nach Gewürzen ließen die Portugiesen in den Orient vordringen, und ein Zyniker könnte behaupten, daß vor allem die Gewürze sie dort festgehalten haben.«[58] Dieses Urteil des englischen Historikers C. R. Boxer läßt sich offensichtlich auch auf die Spanier, Holländer, Engländer, Dänen und Schweden übertragen. Von den Missionaren abgesehen trieb vor allem der Handel die Europäer in den Fernen Osten, und bis zum Ende des 18. Jahrhunderts besaßen sie genügend Verstand, zu begreifen, daß jede territoriale Eroberung außerhalb ihrer Möglichkeiten lag. Eroberungsversuche beschränkten sich mit wenigen Ausnahmen auf Inseln und Häfen für Handelsstützpunkte. Weil sie wußten, daß ihre technologische und militärische Überlegenheit auf den bewaffneten Galeonen beruhte, beschränkten sich die Europäer fast drei Jahrhunderte lang auf die Vorherrschaft zur See und die Kontrolle über die Küstengebiete.

Zuerst wurden die Europäer also von den Gewürzen in den Orient gelockt. Aber es dauerte nicht lang, bis sie erkannten, daß eine ganze Reihe anderer Waren hervorragende Aussicht auf reiche Gewinne versprachen: Kupfer aus Japan, Baumwollwaren aus Indien, Seide und Teppiche aus Persien, Seide, Porzellan und – seit dem Ende des 17. Jahrhunderts – Tee aus China. Leider hatten die Europäer fast nichts, was sie zum Tausch gegen die ostasiatischen Waren anbieten konnten. Seit der Industriellen Revolution ist man, was Technologie und Produktion betrifft, so an die Überlegenheit des Westens gewöhnt, daß es schwierig ist, sich eine

Situation vorzustellen, in der der Ferne Osten nicht nur an Rohstoffen, sondern auch an Fertigprodukten viel mehr zu bieten hatte, wohingegen der Westen nur wenig besaß, was die Völker Asiens interessiert hätte. Genau so aber stellte sich die Lage im wesentlichen im 16., 17. und auch noch im 18. Jahrhundert dar.

Ihre mit Kanonen bestückten Segelschiffe verliehen den Europäern die Herrschaft über die Meere, sie konnten die Schiffahrt und den Handel der Mohammedaner im Indischen Ozean zunichte machen und sich so einen großen Teil des Handels mit den asiatischen Ländern sichern. Die Europäer versorgten China mit japanischem Silber, lieferten japanisches Kupfer an China und Indien, Gewürznelken von den Gewürzinseln nach Indien und China, indische Baumwollwaren in den südasiatischen Raum und persische Teppiche nach Indien. Die enormen Gewinne aus diesem Zwischenhandel dienten dazu, einen Teil der Importe asiatischer Produkte nach Europa zu bezahlen. Aber die Einnahmen reichten bei weitem nicht aus, und der größte Teil der Importe aus Asien mußte durch einen massiven Transfer von Edelmetallen aus Europa nach Asien beglichen werden. Große Mengen Silbers in Form von spanischen *reales* oder großen Münzen zu acht *reales*, mexikanischen Dollar, italienischen Silberdukaten, französischen Kronen und holländischen Talern wanderten Jahr für Jahr nach Asien. Europa verfügte dank seiner günstigen Handelsbilanz gegenüber dem amerikanischen Kontinent über genügend Silber. Wenn man von dem relativ begrenzten Handel zwischen den spanischen Kolonien in Amerika und dem Fernen Osten über die Philippinen absieht, läßt sich durchaus behaupten, daß der interkontinentale Handel als ein breiter Strom aus Silber von Amerika nach Europa und dann nach Asien floß, während die Waren die entgegengesetzte Richtung einschlugen: asiatische Produkte strömten nach Europa, europäische Produkte nach Amerika.

Das Handelsbilanzdefizit zwischen Europa und Asien ließ sich gewissermaßen mit Händen greifen. Der zeitgenössische Reisende Van Lischoten beschrieb die Segler vor der Abreise nach Indien: »Sie haben nur leichte Ladung, die nur aus einigen Fässern Wein,

Die Jesuitenpatres Ricci, Schall und Verbiest,
Kupferstich, Den Haag 1786

Öl und geringen Mengen Ware besteht. Außer Ballast und Proviant
für die Mannschaft führen sie nichts mit sich, denn nach Indien
geht nur Silber in Münzen zu acht *reales*.«[59] Am Ende des 16. Jahrhunderts berichtete ein florentinischer Kaufmann, daß allein Portugal und Spanien jährlich mehr als 1,5 Millionen *scudi* nach China
schickten. Wie genau eine solche Einschätzung ist, läßt sich nicht
sagen, aber für das 17. und 18. Jahrhundert verfügen wir über genügend präzises Zahlenmaterial, nach dem eindeutig Silber der
Hauptexportartikel Europas nach Asien war.[60]

Diese Situation löste in Europa starke Beunruhigung aus, und
war Anlaß für zahlreiche Publikationen und hitzige Debatten. In
England und Frankreich machte man den Gesellschaften, die den
Handel mit Indien und dem Fernen Orient kontrollierten, immer
wieder den Vorwurf, egoistische Geschäftsinteressen über das
Allgemeinwohl zu stellen und sich auf Kosten der Nation zu be-
reichern. Ganz konkret wurden auch einige Versuche zur Verbesserung der Situation unternommen, so ordnete beispielsweise die
englische Regierung an, daß wenigstens ein Zehntel der Schiffs-
ladungen für Indien aus »Lebensmitteln, Halb- und Fertigprodukten aus dem Königreich« bestehen müsse. Die englische Ostindische Kompanie selbst versuchte mit allen Mitteln, am Handel
mit Nanking und anderen Städten Nordchinas teilzunehmen, in
der Hoffnung, das nördliche Klima erleichtere »einen erheblichen

Absatz englischer Wollwaren«.[61] Diese und ähnliche Versuche scheiterten jedoch kläglich. Europäische Kaufleute prüften auch die Möglichkeit, Bilder und Kunstgegenstände zu exportieren, aber die westliche Kunst war stark religiös geprägt, und die asiatischen Völker hatten, wie Richard Cooke aus Japan schrieb, keinerlei Interesse an biblischen Szenen. »Sie schätzen ein einfaches Blatt mit der Zeichnung eines Pferdes, eines Schiffes oder eines Vogels viel mehr als unsere kostbaren Bilder. Niemand würde hier Geld für das schöne Bild von der Bekehrung des Apostels Paulus ausgeben.« Nachdem die holländische Ostindienkompanie vergeblich versucht hatte, traditionelle westliche Kunst zu vertreiben, verlegte sie sich auf Drucke »mit allgemein menschlichen Themen wie beispielsweise Aktstudien oder anderen wenig dezenten Sujets«.[62] Aber auch solche phantasievollen Anstrengungen verfehlten ihr Ziel. Im Jahre 1701 mußte der Rat der Ostindischen Kompanie an das Londoner Büro schreiben: »Wir wissen nicht, was wir Ihren Exzellenzen raten sollen, nach hier [China] zu schicken. Die Einheimischen schätzen nämlich nichts anderes als Silber und Blei, und wahrscheinlich wäre, wenn Ihr alles übrige ins Meer werft, die Fracht auf dem Rückweg nicht wesentlich geringer.«[63]

Die ungenügende Nachfrage des Fernen Ostens nach westlichen Waren stellte ein schwerwiegendes Problem dar, aber noch alarmierender war die Tatsache, daß viele asiatische Produkte auf dem europäischen Markt den einheimischen Waren Konkurrenz machten. J. Cary, ein Kaufmann aus Bristol, schrieb: »Ich bin der Meinung, daß der wenig gewinnträchtige Handel mit Ostindien für uns sehr nachteilig ist, denn er führt zur Ausfuhr von Edelmetall, wobei nur wenige unserer Waren Absatz finden, während nach allen Regeln der Kunst hergestellte Gegenstände eingeführt werden und den Verbrauch einheimischer Produkte verhindern.«[64]

Wie sehr die Einfuhr von Seide und Kattun aus Indien die englische Textilindustrie in Schwierigkeiten brachte, ist sattsam bekannt und braucht hier nicht wiederholt zu werden. Zum Glück für England trat damals kein indischer Ricardo auf, der die Engländer davon überzeugt hätte, daß es für sie vorteilhafter sei, sich in ein Volk von Schafhirten zu verwandeln und alle notwendigen Textilien aus Indien einzuführen. In krassem Widerspruch zu David Ricardos Theorie der komparativen Kosten erließ die englische Regierung dagegen eine Reihe von Gesetzen, die der Einfuhr von Fertigwaren aus Indien einen Riegel vorschoben.

In Frankreich gab es ähnliche Reaktionen auf die Einfuhr von Seide und anderen Textilprodukten aus China durch die französische Ostindische Kompanie. Paradoxerweise reagierte aber ausgerechnet der große Merkantilist Colbert nicht auf die Forderungen der französischen Produzenten, und erst sein Nachfolger erließ seit 1686 eine Reihe von Verordnungen, die die Einfuhr asiatischer Textilprodukte in Frankreich verboten. 1717 und 1718 wurde auch in Spanien der Import asiatischer Seidenwaren verboten.

IN DER REGEL fanden also europäische Produkte bei den Völkern Asiens entweder keine Käufer oder aber sie konnten mit den einheimischen Waren nicht konkurrieren. Wie bei allen Regeln gab es auch hier eine Ausnahme, und diese Ausnahme bildeten die Uhren.

Wie der große Missionar und praktisch erste abendländische Sinologe Pater Matteo Ricci belegt, waren die in China verwendeten Uhren »bis jetzt Wasser- oder Kerzenuhren mit duftenden Stäben, alle von derselben Größe. Es gibt auch andere, die durch Sand bewegt werden, aber alle sind sehr ungenau. Sie haben nur Äquinoktial-Sonnenuhren, aber sie sind nicht in der Lage, sie nach dem Ort, wo sie aufgestellt sind, richtig einzustellen.«[65]

Mechanische Uhren wurden in China zum ersten Mal von Macao aus bekannt. Die Vorstellung einer »Uhr, die von selbst schlägt«, faszinierte die Chinesen sofort, und die Jesuiten, die Zugang zum Land erhalten wollten, nutzten dies weidlich aus. Pater Ricci erzählt, der als Vizekönig aus der Provinz Fujian nach Kwangtung und Kwangsi gekommene Chen Rui war ein »weiser Mann, der das Geld liebt«. Die Jesuiten von Macao näherten sich ihm diskret und ließen ihn wissen, daß sie ihm einige Geschenke überbringen wollten, darunter »eine sehr schöne Uhr, die von selbst jede Stunde schlägt, und wie sie bisher in China noch völlig unbekannt ist«. Die Patres stellten sich dem Vizekönig vor und überbrachten ihm als Geschenk »eine Uhr, ein Prismenglas aus Venedig, das viele Farben erscheinen läßt, und andere Dinge«. Der Vizekönig zeigte sich zufrieden mit den Geschenken und ließ den Patres »in der Nähe des Palastes einen Raum in einem Tempel ihrer Götzen anweisen, der Tein nim tse heißt, wo die Patres von vielen Mandarinen und hochstehenden Persönlichkeiten aufgesucht wurden ... und da blieben sie vier oder fünf Monate«.[66] Die Jesuiten hofften bereits, daß die Aufenthaltserlaubnis in ein dauerndes Privileg umgewandelt werde, als unerwartet große Schwierigkeiten auftraten. Aus bestimmten Gründen wurde der Vizekönig seines Amtes enthoben, und da er fürchtete, daß die Anwesenheit der Jesuiten seinem Nachfolger nicht genehm sein und vielleicht eine Untersuchung gegen ihn auslösen könnte, verwies er sie des Landes. Einen Monat später kehrten die Jesuiten »ganz trostlos« nach Macao zurück, aber kaum eine Woche nach ihrer Rückkehr auf die Insel traf ein Bote des Distriktgouverneurs von Chao-Ch'ing ein. Aufgrund einer Vollmacht des neuen Vizekönigs lud der Gouverneur die Patres zur Rückkehr nach Chao-Ch'ing und zur Inbesitznahme eines Grundstücks »für Haus und Kirche« ein. »Um mit diesen Neuigkeiten keinen Verdacht zu erregen, unterließen es die Patres anfangs, unser heiliges Gesetz zu predigen, statt dessen verwandten sie die Zeit, die ihnen blieb, wenn sie nicht Besuche empfingen, um Sprache, Schrift und Umgangsformen der Chinesen gut zu erlernen. Und sie versuchten die Herzen der Chinesen zu gewinnen und zu bewegen durch ihre gute Lebensführung, die als Beispiel dienen sollte für all das, was sie noch nicht aussprechen konnten und wofür sie noch keine Zeit hatten. Besonders darüber waren die Chinesen sehr zufrieden, daß die Patres und ihr ganzes Haus sich wie die angesehensten Personen dieser Nation kleideten, weil ihr Kleid lang und schlicht war und lange Ärmel hatte.«[67]

Bei jeder sich bietenden Gelegenheit zeigten sich die Jesuiten möglichst freigebig und großzügig. Im Dezember 1583 mußte einer von ihnen nach Macao zurückkehren, um von der europäischen Gemeinde einen Finanzzuschuß für die Mission zu erhalten. Aus diesem Anlaß ließ der Gouverneur von Chao-Ch'ing wissen, daß er über eine dieser »Eisenuhren« aus Macao sehr erfreut wäre, und daß er »alle entstehenden Kosten ersetzen« werde. Die Jesuiten konnten in Macao keine Uhr auftreiben, aber sie fanden einen indischen Schmied, der von den Europäern die Uhrmacherkunst gelernt hatte. Statt der Uhr brachten sie den Uhrmacher mit, ein Beweis ihres guten Willens, der auf den Gouverneur natürlich großen Eindruck machte. Zwei der besten Schmiede der Stadt wurden dem Inder zur Seite gestellt, und unter unzähligen Schwierigkeiten wurde in der Mission die Uhr für den Gouverneur Wang Pahn fertiggestellt.

Die Uhren öffneten den Jesuiten sogar die Pforten des kaiserlichen Palastes in Peking. Nach zeitgenössischen Chroniken hatten die Patres einen Besuch erbeten, um dem Kaiser ihre Aufwartung zu machen und ihm zwei Uhren und andere Geschenke überbringen zu können. Eine der Uhren war aus Eisen, wurde von Gewichten reguliert und war reich mit vergoldeten Drachen, Adlern und anderem Getier verziert; die andere Uhr besaß eine Feder aus vergoldeter Bronze.

Mißtrauische Bürokraten und übelgesinnte Eunuchen stellten den Missionaren jedoch alle möglichen Hindernisse in den Weg. Mitten im Winter wurden Pater Ricci und seine Begleiter in einer Festung gefangengesetzt, so daß die Aussicht, Peking zu erreichen, immer mehr schwand, während die Aussicht, hingerichtet zu werden, immer konkreter wurde. Als schon alles verloren schien, kam unerwartet die Wendung zum Guten. Hören wir die Einzelheiten aus dem Augenzeugenbericht von Pater Ricci: »Als der König eines Tages allein war, erinnerte er sich eines Schreibens, in dem es hieß, daß bestimmte Fremde ihm eine Glocke, die von selbst schlägt, schenken wollten, und er begann zu schreien und sagte, warum geben sie mir die Glocke, die von selbst schlägt,

Armillarsphäre,
Geschenk an Kaiser K'ang Hsi von Ferdinand Verbiest, 1669

nicht? Der Eunuch, der dem König immer zur Seite steht, sagte daraufhin: Wenn Eure Majestät ihr Einverständnis mit dem Schreiben, das der Eunuch Mathan geschickt hat, nicht zurücksendet, wie könnten es die Fremden dann wagen, ohne Erlaubnis an den Hof zu kommen? Da schrieb der König sein Einverständnis unter das Schreiben ... Und die Patres kamen am Ende des chinesischen Jahres, d.h. am 24. Januar 1601 an.

An jenem Tag richteten sie in einem Eunuchenpalast vor den Toren alle Dinge her und machten eine Aufstellung der zu überreichenden Geschenke. Und am nächsten Tag wurde alles unter großem Aufsehen durch die Stadt in den Palast gebracht. Als der König sah, daß die große Uhr nicht schlug, weil sie nicht eingestellt war, befahl er, die Patres in aller Eile zu rufen, um die Uhr zum Schlagen zu bringen.

Die Patres wurden bis zur zweiten Mauer in einen Hof gebracht, wo die große Uhr inmitten einer großen Menschenmenge stand, die herbeigeeilt war, um dem Spektakel beizuwohnen. Der König sandte einen großen Eunuchen seiner Leibwache namens Lhcino, der sehr verständig war und die Patres sehr liebenswürdig behandelte.

Die Patres erklärten ihm, daß man bei Tag und Nacht auf der Uhr die Stunden ablesen könne, entweder durch das Schlagwerk oder durch den Uhrzeiger auf dem Zifferblatt, und daß er jemand abstellen müsse, der sie einzustellen lerne, was in zwei oder drei Tagen zu erlernen sei. Der Eunuch berichtete alles dem König, der vier Eunuchen befahl, den Mathematikern des inneren Kollegiums, das mehr als 20 oder 30 Männer umfaßt, die Uhren einzustellen und sie sie bedienen zu lehren, und in drei Tagen sollten sie die Uhr vor das Angesicht des Königs bringen. Deshalb verbrachten die Patres fast drei Tage damit, Tag und Nacht den Mathematikern in ihren Räumen das Funktionieren der Uhren beizubringen, und sie wurden mit großem Respekt behandelt... Die vier Mathematiker lernten mit großem Eifer alles über die Uhren und schrieben alles in ihrer Schrift auf, denn irgend etwas zu vergessen, hätte sie nicht weniger als den Kopf gekostet, da dieser König so grausam war, daß er oft schon wegen kleiner Dinge Menschen totprügeln oder auf andere Art töten ließ. Und sie übertrugen die Namen für alle Räder, Eisenteile, Schlüssel und alles, was in der Uhr ist, ins Chinesische, während die Patres verschiedene Namen bildeten, um ihnen alles in Wort und Schrift erklären zu können... Die drei Tage waren noch nicht vergangen, als der König fragen ließ, warum die Uhren noch nicht gebracht würden. Und so brachten sie ihm mit großer Eile. Und er war so zufrieden, daß er den Eunuchen einen höheren Rang verlieh als den, den sie vorher hatten, was eine Art ist, ihre Würde und ihr Einkommen zu erhöhen...«[68]

Die Leidenschaft der Söhne des Himmels für die »Glocken, die von selbst schlagen«, blieb immer bestehen. Im ganzen 17. und

18. Jahrhundert kamen Uhren jeden Typs, vor allem aber solche mit Automaten und reicher Ausstattung an den kaiserlichen Palast. Kaiser K'ang Hsi (1662–1722) ließ im Palast sogar eine Werkstatt für die Herstellung und Reparatur von Uhren einrichten. Die Jesuiten nahmen im Interesse der Missionsarbeit in China mit der für sie charakteristischen Geschmeidigkeit gelernte Uhrmacher in ihre Reihen auf. 1707 wurde Pater Stadlin, ein Schweizer Uhrmacher, nach Peking gerufen, um an der Einrichtung und Leitung der kaiserlichen Uhrenwerkstatt mitzuwirken. Bis zur Auflösung der Missionsstation in China leitete immer ein Jesuit die Uhrenwerkstatt und -sammlung des Kaisers. Um 1735 schrieb Pater Valentin Chalier: »Der kaiserliche Palast ist mit Wanduhren, … Taschenuhren, Glockenspielen, Repetieruhren, Spieluhren, Weltkugeln und astronomischen Uhren jeder nur denkbaren Art vollgestopft – es gibt mehr als Tausend Exemplare von den besten Uhrmachern aus London oder Paris, von denen ich viele zur Reparatur oder Reinigung selbst in der Hand hatte. Ich glaube, heute die Uhrmacherkunst wie nur wenige zu beherrschen, weil nur wenige soviel Erfahrung erwerben konnten.«[69]

Pater Chalier beaufsichtigte nach eigener Aussage während seiner Tätigkeit als Superintendent der kaiserlichen Uhren in den Jahren 1730 bis 1750 mehr als hundert chinesische Arbeiter.

Kaiser K'ang Hsi zeichnete sich durch sein Interesse für Kunst und Wissenschaft in Europa aus, aber auch die Kaiser, die keinerlei Sympathie für den Westen und westliche Technologie hegten, vernachlässigten nie die prächtige Uhrensammlung. Simon Harcourt Smith konnte nach der Plünderung des Yuanmingyuan Palastes im Jahre 1866 und der Verbotenen Stadt im Jahre 1900 nur noch die Reste der Sammlung sehen. Dennoch schrieb er: »In den kaiserlichen Palästen Pekings, dem Yuanmingyuan und Jehol werden die Stunden vom Flattern bunt lackierter Flügel, gläserner Wasserfontänen, von der Bewegung mit Edelsteinen besetzter Sterne angezeigt, während tausend versteckte kleine Orchester Gavotten und Menuette spielen.«[70]

Kaiser K'ang Hsi in Staatsrobe

DAS NEUGIERIGE INTERESSE für »die Glocken, die von selbst schlagen«, blieb nicht nur auf die oberen Gesellschaftsschichten beschränkt. In ihrem Gebäude in Chao-Ch'ing hatten Pater Ricci und seine Mitstreiter eine große Uhr angebracht »mit einer Hand, die die Stunden draußen auf der Straße anzeigt, und mit einer großen Glocke, die die Stunden schlägt«. Diese große Uhr übte auf die Menge ebenso große Anziehungskraft aus wie die von den Jesuiten in Peking gebauten Glockenspiele.

Daß ein mechanisches Wunderwerk Neugierde und Bewunderung hervorruft, scheint nicht weiter verwunderlich, doch man muß bedenken, daß die Chinesen gewöhnlich Fremde und fremde Produkte eher verachteten als bewunderten. Andererseits war die chinesische Kultur immer vom Problem der Zeit und der Astronomie fasziniert, und man könnte meinen, daß die von den Uhren ausgehende Faszination mit dieser Einstellung zusammenhängt. Im 16., 17. und 18. Jahrhundert scheinen die Chinesen jedoch den Zusammenhang zwischen der Uhr und dem Studium der Sterne nicht eigentlich wahrgenommen zu haben. Sie betrachteten die Uhr ausschließlich als Spielzeug. Diese Einstellung zu den »Glocken, die von selbst schlagen«, ähnelt genau der Art von Interesse, das den Erfindungen des Archimedes und Heron von Alexandria in der Antike entgegengebracht wurde.

Gegen Ende des 16. Jahrhunderts beobachtete der florentinische Kaufmann Carletti, daß die Chinesen keinerlei Interesse für europäische Produkte hatten, daß sie aber »gern Gläser kaufen, vor allem aber schätzen sie Prismengläser, die ein buntes Farbenspiel erscheinen lassen, wenn man sie im Freien ins Licht hält oder sonstwo, wo verschiedene Dinge reflektieren. Für diese wurden bis zu 500 Dukaten das Stück bezahlt, und bei diesem Volk gab es eine solche Bewunderung dafür, als sie sie zum ersten Mal sahen, daß sie sie lobten und meinten, das sei der Stoff, aus dem der Himmel gemacht ist.«[71]

Während die Europäer geschliffenes Glas als Linsen für Mikroskope, Teleskope und Brillen verwendeten, vergnügten sich die Chinesen am bezaubernden Farbenspiel des gebrochenen

Verkleinerungsspiegel,
deutsch, um 1750

Lichts. Genauso verhielt es sich mit den Uhren. Linsen, Uhren und andere Instrumente waren in Europa erfunden worden, um die Bedürfnisse eines bestimmten soziokulturellen Umfeldes zu befriedigen. In China waren diese Erfindungen gleichsam vom Himmel gefallen, und die Chinesen betrachteten sie als wunderliche Vergnügungen.

Die besten Intellektuellen widmeten sich der Kunst und der Philosophie, nicht den Naturwissenschaften. Wie Pater Ricci beobachtete, »beschäftigen sich mit Mathematik und Medizin nur solche Menschen, die wegen geringer Begabung und Fertigkeit ihre Schrift und Wissenschaft nicht studieren können. Deshalb werden diese Wissenschaften wenig geachtet und stehen nicht in Blüte. In höchstem Ansehen stehen die ethischen Fragen.«[72] In China bestimmte nicht das bürgerliche Leben die Kultur. Die Gesellschaft bestand aus einer literarisch gebildeten Elite und der

Masse der Bauern, die die Zeit nach den Worten M. Chiangs »nach Tagen und Jahren, nicht aber nach Minuten und Stunden« maßen.[73] Deshalb konnte sich die Uhr als praktisches Gerät kaum durchsetzen. Dafür hätte sich die Gesellschaft in ihrer Struktur und in ihren Bedürfnissen erst grundlegend verändern müssen. Die Existenz von Maschinen hat nur einen Sinn als Antwort des Menschen auf Probleme, die ihm seine Umgebung im Rahmen der herrschenden Kultur stellt. Die Chinesen verstanden ohne Schwierigkeiten die Nützlichkeit von Maschinen für die Bewässe-

Anwendung des Meßquadrates zur mittelbaren Streckenmessung

rung, aber sie fanden nur schwer Zugang zu anderen Erfindungen aus dem Westen. Noch am Ende des 18. Jahrhunderts schrieben die Verfasser des *Ssu-K'u ch'üan-shu t'i-yao*: »Von der westlichen Kultur (ist) die Kunst der Landvermessung sehr wichtig, gefolgt von der Kunst der Maschinenherstellung. Von diesen Maschinen sind diejenigen für die Bewässerung sehr nützlich. Die übrigen sind bizarre und komplizierte Erfindungen zum Vergnügen für die Sinne. Sie entsprechen keinem grundlegenden Bedürfnis.«[74]

Wirtschaft und Gesellschaft Chinas änderten sich nach der Ankunft der Portugiesen jahrhundertelang nicht, und jahrhundertelang blieb auch die Uhr nicht mehr als ein merkwürdiges Spielzeug. Noch 1769 schrieb Pater Jean Mathieu de Ventavon: »Ich bin zum Uhrmachermeister des Kaisers ernannt worden, aber eigentlich sollte ich sagen, daß ich nur Spielzeugbauer bin, denn der Kaiser erwartet von mir nicht, wirkliche Uhren zu bauen, sondern erfindungsreiche Automaten und bizarre Maschinen.«[75]

Der Holländer Van Braam, der gegen Ende des 18. Jahrhunderts eine Missionsstation seines Landes in Peking leitete, schrieb, daß eines Tages ein ranghoher Mandarin ihm »eine gewöhnliche viereckige Flasche (zeigte), in der sich eine kleine hölzerne Mühle befand, die von feinem Sand getrieben wurde, der durch eine Art Trichter auf die Schaufeln des Mühlrades rieselte. Es war eines von jenen Spielzeugen, die man in verschiedenen Formen für wenig Geld auf allen Jahrmärkten Europas finden kann. Der Mandarin fragte mich, ob ich diesen Mechanismus kenne. Ich sagte ihm, daß ich schon viele und auch viel schönere gesehen hatte. Daraufhin fragte er mich, warum wir nichts derartiges mitgebracht hätten. Ich gab zur Antwort, daß wir nicht daran gedacht hatten, weil in unserem Land diese Dinge nur als Spielzeug für die Kinder dienen. Wir konnten uns nicht vorstellen, daß sie bei Erwachsenen auch nur das geringste Vergnügen oder Aufmerksamkeit erregen würden. Er versicherte mich des Gegenteils und sprach wie ein Mann, der sich im Besitz eines wunderbaren Schatzes befindet.«[76]

Wasserhebewerke,
die ihre Technik von Uhrwerkskonstruktionen entlehnen,
Nürnberg 1661

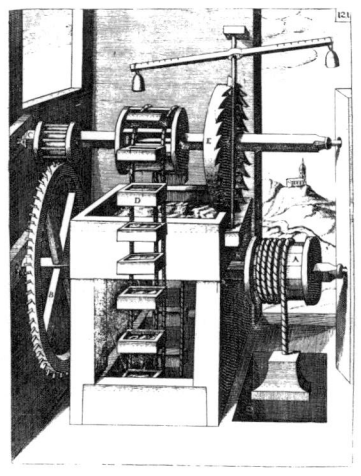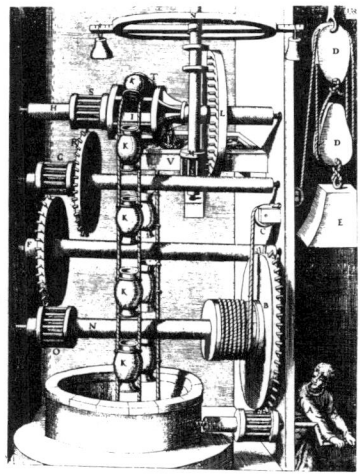

Sein Sekretär De Guignes berichtete dieselbe Episode und fügte hinzu: »Man muß nach Peking vor allem Spielsachen bringen. Derartige Dinge werden hier auf größeres Interesse stoßen als wissenschaftliche Instrumente oder Kunstwerke ... Wenn die Chinesen in Kanton für viel Geld mechanische Apparate kaufen, dann benutzen sie diese nicht für die Zwecke, für die sie geschaffen sind, sondern eher zum Spielen.«[77]

Einige Jahre später beobachtete C. Abel: »In allen von den (englischen) Missionaren durchreisten Teilen Chinas haben die Uhren die größte Neugierde ausgelöst. Die teilnehmenden Missionare wurden immer wieder gefragt, ob sie nicht ihre Uhren verkaufen wollten. Ich konnte aber nie genau klären, ob sie unsere Uhren als Instrumente zum Messen der Zeit oder aber einfach als Spielzeug wollten.«[78]

NACH ALTER ÜBERLIEFERUNG schenkte der heilige Franz Xaver im Jahre 1550 Yoshitaka Ouchi, dem Gouverneur von Yamaguchi, eine Uhr, und diese war nach allgemeiner Meinung die erste mechanische Uhr europäischer Herstellung in Japan. Vierzig Jahre später wird vom Geschenk einer Uhr für Hedeyoshi (gest. 1598) in Kioto durch einen anderen Missionar berichtet. Wiederum von einem Missionar wurde eine 1581 in Madrid hergestellte Uhr an Tokugawa Ieyasu (gest. 1605) verschenkt.

Sowohl in China als auch in Japan folgten dem Beispiel der Missionare bald Kaufleute, die einflußreichen Persönlichkeiten Uhren anboten, um Handelslizenzen und -privilegien zu erhalten. Wenn Diplomaten aus Europa nach Asien reisten, befanden sich unter den mitgeführten Geschenken regelmäßig Uhren von außergewöhnlicher Bauart. Vor allem in China, dessen starre und aufgeblähte Bürokratie günstige Bedingungen für Mißbrauch bot und wo es ein leichtes war, Mandarine und Eunuchen zu bestechen, gehörten Uhren zu den beliebtesten Geschenken. Es versäumt zu haben, einer einflußreichen Persönlichkeit eine Uhr zu schenken, konnte für Europäer ernste Konsequenzen haben.

Pater Ricci berichtet, daß im Jahre 1596 einer der Richter von Chao-Ch'ing erzürnt war, weil er von den Missionaren keine Uhr erhalten hatte. Als Rache ließ er zwei Diener der Mission ergreifen und grausam auspeitschen. Gegen Ende des 18. Jahrhunderts berichtete John Barrow, daß es die Missionare für notwendig hielten, »den Eunuchen und vor allem denen des kaiserlichen Hofes häufig Geschenke zu machen und gelegentlich sehr teure. Wenn ein Missionar von einem Eunuchen ein Kompliment über die Schönheit einer Uhr, einer Tabaksdose oder irgendeines anderen Gegenstandes erhielt, den er mit sich führte, blieb keine Wahl: der Missionar mußte den Eunuchen bitten, den betreffenden Gegenstand als Geschenk zu akzeptieren. Die Mißachtung dieses Gebots chinesischer Höflichkeit war häufig Ursache großer Schwierigkeiten für die Europäer. Der Missionar, der die vielen Uhren des Palastes reguliert und in Ordnung hält, hat mir versichert, daß der alte Eunuch, der die Schlüssel verwahrte, nachts in die Räume ging, um die Uhrwerke zu zerstören. Endlich verstand der Missionar den Wink und sorgte für Abhilfe, was zwar kostspielig war, aber immer noch weniger ärgerlich als die ständigen Reparaturen der Schäden durch den, der die Uhren vor Schaden hätte bewahren sollen.«[79]

Bis zum Anfang des 18. Jahrhunderts dienten Uhren fast ausschließlich als Geschenke und wurden nur in seltenen Fällen verkauft. In den Akten der Ostindischen Kompanie Englands gibt es in der ganzen zweiten Hälfte des 17. Jahrhunderts keinerlei Hinweise auf den Export von Uhren. Die englischen Zollregister der Zeit verzeichnen den Export von Uhren nach Schweden, Rußland, in die Türkei, nach Neuengland, nach Barbados und in viele andere Länder, nie aber nach China oder Japan. In den Akten der holländischen Ostindienkompanie ist für das 17. Jahrhundert der Export einiger weniger Uhren verzeichnet, der größte Teil davon als Geschenke.

Tatsächlich konnten sich in China und Japan nur wenige Personen eine Uhr leisten, und diese wenigen waren – vor allem in China – in einer sozialen Stellung, in der sie sowieso Uhren

Japanische Laternenuhr,
18. Jhdt.

als Geschenk erhielten. Diese Lage änderte sich plötzlich zu
Beginn des 18. Jahrhunderts, als in Europa die Massenproduktion
billiger Uhren einsetzte, und die Engländer, bald gefolgt von den
Schweizern, diese nach Kanton zu exportieren begannen. Um
1730 gab es in Kanton nach dem Bericht Pater Duhaldes Wanduhren, Spieluhren und Repetieruhren so »billig wie in Europa«.[80]

Diese Aussage mag vielleicht etwas übertrieben sein, es läßt sich jedoch festhalten, daß der Export europäischer Uhren vor allem nach China seit dem 18. Jahrhundert bedeutend zunahm. Im Jahre 1775 war festzustellen, daß »die Chinesen über Kanton gegenwärtig Uhren zu günstigen Preisen erhalten«, und um 1805 schrieb ein französischer Beobachter: »In China werden jetzt sehr billige Uhren angeboten ... Ich habe gesehen, wie Uhren im Wert von mehr als 100 000 Pfund nach London zurückgeschickt wurden, während die gleiche Menge Uhren unverkauft hier vorhanden ist. Schweden und Dänen haben Uhren in solchen Mengen importiert, daß sie jetzt zu fünf Piastern das Stück verkauft werden. Fast alle diese Uhren kommen aus der Schweiz.«[81]

In Museen und Privatsammlungen finden sich in großer Zahl ausgefallene und hochwertige Uhren, die in Europa für den chinesischen Markt hergestellt wurden. Diese Exemplare sind jedoch keineswegs repräsentativ für das, was tatsächlich seit dem beginnenden 18. Jahrhundert nach China exportiert wurde. Aus Europa kamen zwar reich verzierte, pornographische Taschenuhren und ähnliches ins Land, bis am Ende des 18. Jahrhunderts ein Gesetz gegen den Luxus diesen Handel zu unterbinden suchte. Die Quellen stimmen aber darin überein, daß die Zunahme des Uhrenexports nach China im 18. Jahrhundert auf der Ausfuhr billiger Exemplare beruhte.

SOWOHL ALS GESCHENKE als auch zum Verkauf wurden nach China wesentlich mehr Uhren exportiert als nach Japan. Das lag nicht nur an der größeren Bevölkerung Chinas, sondern auch daran, daß die Japaner bald selbst Uhren herzustellen lernten.

Als westliche Uhren und Feuerwaffen im Fernen Osten auftauchten, waren die phantasiebegabten Chinesen vor allem von den Uhren fasziniert, die Japaner dagegen von den Kanonen. Bald stellten die Japaner Handfeuerwaffen in beträchtlicher Zahl her. Uhren stießen in Japan erst sehr viel später auf Interesse, und dabei war ein diffiziles Problem zu lösen. Die europäische Uhr maß

Japanisches Seidengemälde
von Nishikawa Sukenobu (1671–1751)

Japanische Stuhluhr,
19. Jhdt.

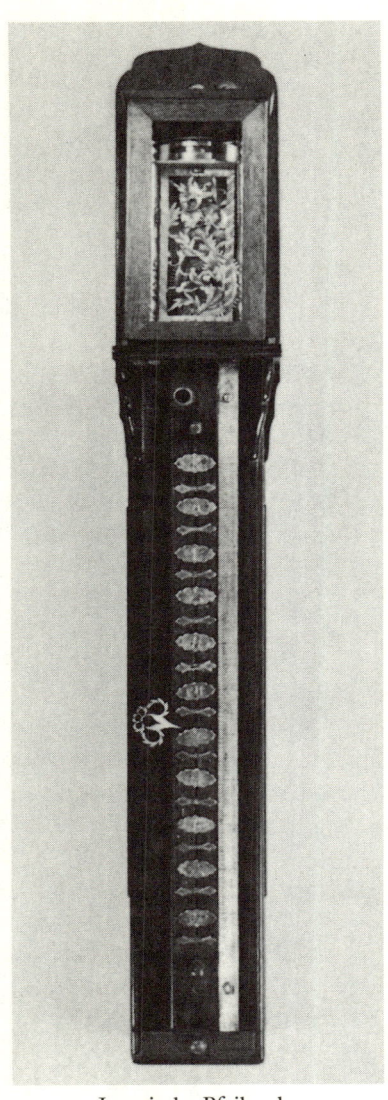

Japanische Pfeileruhr,
um 1790

die Zeit in zweimal zwölf Stunden von gleicher Länge. Die Japaner dagegen unterteilten die Zeit in Stunden von unterschiedlicher Länge je nach dem »natürlichen« Tag. Zwischen Sonnenaufgang und -untergang wurden sechs Stunden gemessen und genauso zwischen Sonnenuntergang und -aufgang. Deshalb waren die Stunden des Tages im Sommer »lang«, die der Nacht »kurz«, im Winter dagegen umgekehrt. Nur am Äquinoktium im Frühjahr und im Herbst waren die Tages- und die Nachtstunden gleich lang. Natürlich gab es keine westliche Uhr, die diesem System der Zeitmessung gerecht wurde.

In der Geschichte japanischer Uhrenherstellung lassen sich drei Phasen unterscheiden. Anfangs produzierten die Japaner nur Imitationen europäischer Uhren, ohne auch nur den Versuch zu machen, sie ihrem Zeitmessungssystem anzupassen. In der japanischen Geschichtsschreibung geht man davon aus, daß die erste in Japan hergestellte Uhr von dem Schmied Tsudo Sukezaiema gegen Ende des 16. Jahrhunderts stammt, der die dem Gouverneur Ieyasu geschenkte Uhr aus Europa nachbaute. Zu Beginn des 17. Jahrhunderts ersetzten die japanischen Handwerker das westliche Zifferblatt und die römischen Zahlen durch die zwölf Zeichen des chinesischen Tierkreises und die entsprechenden Zahlen, aber die Uhrwerke blieben getreuliche Nachahmungen europäischer Vorbilder. Die zweite Phase japanischer Uhrmacherkunst begann im Laufe des 17. Jahrhunderts und war durch die Einführung einer neuen Mechanik gekennzeichnet. An die Stelle des Zifferblattes mit seinem sich drehenden Mittelpunkt trat ein Zifferblatt mit veränderbaren Stundenabschnitten, das sich um einen festen Uhrzeiger drehte. Gegen Ende des Jahrhunderts ersannen die Japaner eine Uhr mit einer doppelten Hemmung, eine für den Tag und eine für die Nacht. Um diese Zeit hatten die Japaner bereits einen eigenen Stil entwickelt und produzierten Uhren für ihre Form der Zeitmessung, obwohl sie nach wie vor das westliche Grundprinzip Spindelhemmung mit Waagbalken (Foliot) verwendeten [vgl. S. 37]. Es gab hauptsächlich drei Uhrentypen. Der erste Typus war eine Wanduhr an einer Seidenschnur oder einem Haken. Dann

gab es den Pyramidentypus, bei dem die Uhr auf einem Kegel-
stück montiert war, in dem die Gewichte verborgen waren. Der
dritte Typus war bekannt als Tischuhr. Daneben schufen die Japaner auch die sogenannte »Pfeileruhr«, die dafür konzipiert war,
an den Stützpfeilern für die Dächer angebracht zu werden, denn
an den Wänden japanischer Häuser konnten die schweren europäischen Wanduhren nicht aufgehängt werden. Im Gegensatz
zu anderen Uhren zeigte die Pfeileruhr die Stunden auf einer ver-
tikalen Skala mit regulierbaren Stundenabschnitten an. Später
entwickelte man in Japan die wunderschönen sogenannten *inro*-
Taschenuhren. Diese Uhren aus Bronze waren mit einem Schlüssel aufzuziehen und wurden in den traditionellen *inro* oder Pillen-
döschen getragen, die an einer in der Länge verstellbaren kleinen
Kordel hingen. Da die japanischen Gewänder keine Taschen hatten, waren die *inro* um den Hals zu tragen oder in den *obisash*, den
charakteristischen weiten Ärmeln japanischer Kimonos.

Der größte Teil der japanischen Uhren wurde in Nagasaki hergestellt, dem Tor, durch das auch nach dem Einreiseverbot für
Ausländer zwischen 1620 und 1640 noch Produkte und Ideen aus
dem Westen ins Land gelangen konnten. Auch in Kioto, der
»Stadt des Adels, der Handwerker und Arbeiter«, in Edo (Tokio),
»der Stadt der *Samurai*«, in Osaka, der »Stadt der Kaufleute« und
in den befestigten Städten Sendai und Nagoya wurden Uhren in
gewissem Umfang hergestellt. Insgesamt erreichte das japanische
Uhrmacherhandwerk jedoch weder an Quantität noch an Qualität
europäisches Niveau. Die feudale Gesellschaftsstruktur und die
Einkommensverteilung setzten der Nachfrage nach Uhren enge
Grenzen. In den Burgen der *daimyos* und *shoguns* waren zahlreiche Uhren zu finden, anderswo jedoch kaum. Nur wenige Handwerker, meist Schmiede, spezialisierten sich darauf, ab und zu eine
Uhr herzustellen. Trotz dieser Einschränkungen war die Lage in
Japan grundsätzlich von der in China verschieden. In China war
zwar, wie gesagt, gegen Ende des 17. Jahrhunderts eine Uhrenwerkstatt eingerichtet worden, aber es handelte sich dabei um eine
rein bürokratische Maßnahme. Die Werkstatt blieb lange Zeit die

Japanische *inro*-Uhr

einzige und war nur für den kaiserlichen Hof bestimmt. Um 1750 stellte der Reisende P. Osbeck fest, daß »hier (in China) Uhrmacher sehr gefragt sind«.[82] Im Jahr 1769 berichtete Pater Jean Mathieu de Vantavon (1733–1787), daß sich »Fürsten und Würdenträger des Kaiserreiches zur Reparatur ihrer Uhren an die Europäer (wenden) … Wir sind wirklich mit Arbeit überhäuft.«[83] Im Jahr 1775 war zu beobachten, daß die Chinesen »an die Russen überaus billig kaputte Uhren verkaufen, weil sie keine Uhrmacher haben, die sie reparieren könnten«.[84] Und der erwähnte Van Braam wunderte sich gegen Ende des 18. Jahrhunderts sehr darüber, in einer chinesischen Stadt »drei Uhrmacher« zu finden.[85] Zu diesem Zeitpunkt schlug das Uhrmacherhandwerk in Kanton endlich Wurzeln, und mit einiger Übertreibung konnte J. Barrow schreiben, daß die Chinesen in Kanton »heute genauso gut, aber zu einem Drittel der Kosten, all die erfindungsreichen Uhrwerke herstellen, die früher aus London von Coxe und Merlin in großen Mengen eingeführt wurden«.[86] Vergleicht man jedoch China mit Japan, so ist unleugbar, daß die Uhrmacherkunst in China erst wesentlich später Fuß faßte als in Japan. Außerdem wurde in China nichts Eigenständiges hervorgebracht, und Kanton blieb das einzige Produktionszentrum.

Die Gründe für die unterschiedliche Reaktion von Japanern und Chinesen auf die westliche Technologie sind nicht leicht zu verstehen. Bei den Feuerwaffen liegen die Dinge klar: Die Chinesen hatten keinerlei Interesse an Militaria und Waffen, die Japaner dagegen sehr wohl. Bei den Uhren ist die Situation gerade umgekehrt: Die Chinesen interessierten sich sehr viel mehr für die Uhren als die Japaner. Man könnte annehmen, daß die Japaner die Uhren weniger unter einem pittoresken und mehr unter dem Nützlichkeitsaspekt beurteilten, aber einer solchen Hypothese widersprechen die vorhandenen Quellen.

Wie erwähnt betrachteten die Chinesen ihr Land als den Mittelpunkt des Universums, während die Japaner nie von einem derartigen Stolz auf ihre Kultur beseelt waren. Dennoch erfaßte gerade die Chinesen die Faszination für die »Glocke, die von selbst schlägt«. Man könnte nun die Hypothese aufstellen, daß sie aus mangelnder Erfahrung mit der Assimilierung fremder Ideen die westlichen Vorbilder nur imitieren konnten. Die Japaner dagegen, die in der Aneignung fremder Ideen eine lange Erfahrung hatten, wußten die westlichen Uhren ihren Bedürfnissen anzupassen und brachten auf diese Weise wirklich eigenständige Exemplare hervor.

Das Rätsel dieses kulturellen Unterschiedes hat viele verschiedene Aspekte. Wie erwähnt, maßen die Japaner die Zeit nach Stunden unterschiedlicher Länge. Dieses System der »ungleichen Stunden« war auch in Europa und in China üblich gewesen, aber bereits vor dem 16. Jahrhundert außer Gebrauch gekommen. Obwohl die Chinesen den Tag in zwölf statt vierundzwanzig gleiche Stunden einteilten, waren die europäischen Uhren in China besser zur Zeitmessung geeignet als in Japan. In der Terminologie Toynbees könnte man sagen, daß die Japaner einer größeren »Herausforderung« gegenüberstanden als die Chinesen, aber eine solche »Erklärung«, wenn es denn eine ist, wirft mehr Fragen auf als sie beantwortet. Wichtiger dagegen ist die Untersuchung der Rolle der gesellschaftlichen Klassen in den beiden Ländern. Das soziokulturelle Wertesystem der Ming-Dynastie Chinas (1368–1644) nahm dem Handwerk und den Handwerkern die Lebenskraft. Man hat zu Recht behauptet, daß »der Unterschied zwischen Künstlern und Handwerkern (in China) einem Rassenunterschied« gleichkam, und daß ein »gebildeter Chinese die Arbeit eines Handwerkers mit der gleichen Haltung begutachtet hätte wie beispielsweise den Bau eines Bibers«.[87] Das Wertesystem der Ming-Zeit behinderte den technologischen Fortschritt. Die Beziehung zwischen dem japanischen Feudalherrn und den Handwerkern des Dorfes nahe seiner Burg erwies sich als fruchtbarer als die bürokratische Beziehung zwischen dem Mandarin und den Handwerkern eines chinesischen Dorfes.

Des weiteren muß man die unterschiedliche Größe der beiden Länder berücksichtigen und die Tatsache, daß der größte Teil der chinesischen Bevölkerung von der Außenwelt weitgehend abgeschnitten war. Wie der Gesandte Nieuhoff im 17. Jahrhundert schrieb, lag »der Grund dafür, daß dieses in einigen Dingen so begabte und fähige Volk in anderen Dingen so zurückgeblieben ist, höchstwahrscheinlich in der großen Aversion gegen jeden Kontakt mit Fremden, denen sie den Zugang zu ihrem Land gewöhnlich verwehrten oder höchstens in den Grenzgebieten erlaubten«.[88] Mit der Festigung des Tokugawa-Shogunats (1603–1867) schottete sich auch Japan nach außen rigide ab. Im Jahr 1623 verließen die Engländer von sich aus Hirado, 1624 wurden die Spanier aus Japan vertrieben und die Beziehungen zu den Philippinen abgebrochen, 1636 wurde es den Japanern verboten, sich ins Ausland zu begeben, und denen, die sich im Ausland aufhielten, wurde die Rückkehr verwehrt. Die Portugiesen wurden 1638 ausgewiesen, und zwei Jahre später wurden fast alle Mitglieder einer Gesandtschaft, die zur Wiederbelebung des Handels ins Land gekommen waren, niedergemetzelt. Nur den holländischen Kaufleuten blieb es unter demütigenden Bedingungen weiterhin erlaubt, auf der kleinen Insel Deshima im Hafen von Nagasaki eine Handelsstation zu unterhalten. Durch diese Nabelschnur drangen jedoch auch weiterhin westliche Einflüsse ins Land, genauso wie über Kanton nach China. China hatte freilich ungefähr 150 Millionen Einwohner und die Verbindungen zu Kanton waren äußerst dürftig. Japan dagegen hatte weniger als 25 Millionen Einwohner und die Straßenverbindungen mit dem Landesinneren waren relativ gut ausgebaut. Trotz der intransigenten und feindseligen Haltung der japanischen Regierung fanden europäisches Denken und europäische Technik über Nagasaki wesentlich leichter Eingang in Japan als über Kanton in China. Zudem besaß das Japan der Tokugawa in Edo, Osaka und Nagasaki bedeutende Städte mit einer Kaufmannsschicht, deren Stärke und Lebendigkeit sich im Aufblühen der Kultur vor allem unter der Regierung Genroku (1688–1704) zeigte. In China entwickelte sich nichts Vergleichbares, und hier herrschte in den Städten immer das gleiche bäuerlich-bürokratische kulturelle Klima.

Das hier aufgeworfene Problem läßt sich natürlich nicht auf die Uhrmacherkunst beschränken. Als sich im 19. Jahrhundert die Industrielle Revolution von ihrem Ursprungsland England auszubreiten begann, reagierten wiederum China und Japan völlig unterschiedlich auf diese »Herausforderung«. An Untersuchungen über dieses Phänomen mangelt es nicht, es mangelt jedoch immer noch an überzeugenden Erklärungen. Vielleicht ist das Problem historisch einfach falsch gestellt, denn, wie Robert George Collingwood schreibt, wäre es absurd zu denken, daß zwei verschiedene Entwicklungswege zu einem identischen Ergebnis führen. Bach sei kein verhinderter Beethoven, und Athen sei nicht der mißlungene Versuch einer Gründung Roms.

Schlußbemerkung

Die Geschichte der Uhr ist die Geschichte des ersten Präzisionsinstruments, wobei es hier weniger um die Technologie dieses Instruments ging. Vielmehr sollten, ausgehend von der technologischen Entwicklung, die vielfältigen, komplexen, und reziproken Beziehungen untersucht werden, die die technologische, wirtschaftliche, gesellschaftliche und kulturelle Entwicklung miteinander verbinden.

Die Uhr wurde wie alle anderen Maschinen und Instrumente nicht nur geschaffen und weiterentwickelt, weil ein Bedarf bestand, sondern weil aus einem bestimmten kulturellen Umfeld sowohl die Wahrnehmung dieses Bedarfs als auch die Art seiner Befriedigung erwuchs. Die Technologie verbreitete sich durch die Wanderung der Handwerker, aber diese Verbreitung fand ihre Grenzen dort, wo gesellschaftliche Bedingungen das Verständnis für das technologische Angebot der Uhr verhinderten. Dort blieb die Uhr ein vergnügliches Spielzeug statt ein Instrument von praktischem Nutzen.

Auf der anderen Seite erwies sich die Uhr dort, wo sie angenommen wurde, wie jedes andere Instrument nicht als neutraler Faktor. Auf einer mechanistischen Konzeption basierend verstärkte sie das mechanistische Denken der Epoche und Gesellschaft, deren Ausdruck sie war. Als Instrument zum Messen der Zeit zwang sie die Menschen zu immer genauerem Bestimmen des Zeitaufwands für Tätigkeiten, die vorher entweder überhaupt nicht oder nur sehr vage zeitlich festgelegt waren. Während die Uhr also auf der einen Seite bestimmte Bedürfnisse befriedigte, schuf sie auf der anderen Seite die Bedingungen für ihre eigene Verbreitung und Weiterentwicklung. Die Maschine, schrieb Oscar Wilde, tendiert dazu, aus dem Menschen eine Maschine zu machen. Und man könnte hinzufügen, sie tendiert dazu, die Bedingungen für ihre eigene Verbreitung und die Herstellung neuer Maschinen zu schaffen. Von den polierten Steinen des Neolithikums bis zum Raumschiff hat jedes Instrument die Reichweite und Fähigkeiten des Menschen erweitert, der einst unter den Lebewesen zu den schwächsten und gefährdetsten gehört hatte. Im Kern handelt es sich also um ein Problem der Ethik, weil alles vom Umgang des Menschen mit dieser Technologie und der Maschinen abhängt: zum Guten oder zum Bösen.

Anmerkungen

1 Zu den Automaten im byzantinischen Kaiserreich und dem Bericht Luitprands vgl. G. Brett: »The Automata in the Byzantine Throne of Solomon« in *Speculum*, XXIX (1954), S. 477–487

2 L. Olschki: *Guillaume Boucher, a French artist at the court of the Khans*, Baltimore 1946, S. 95

3 Vgl. I. Sevcenko: »The Decline of Byzantium seen through the Eyes of its Intellectuals« in *Dumberton Oaks Papers*, XV (1961), S. 167–186

4 A. G. Keller: »A Byzantine admirer of ›Western‹ progress: Cardinal Bessarion« in *Cambridge Historical Journal*, II (1955), S. 343–348

5 Diese Tatsache war auch außerhalb Europas wohlbekannt. Wenn die Tatarenherrscher auf den Schlachtfeldern oder bei ihren Einfällen ins Deutsche Reich »Teutonen« gefangennahmen, ließen sie die deutschen Kriegsgefangenen in Bergwerken oder bei der Waffenherstellung arbeiten. Vgl. Olschki, a. a. O., S. 5

6 F. Guicciardini: »Relazione di Spagna (1512–1513)« in *Opere*, hg. von R. Palmarocchi, Bari 1936, S. 131

7 Vgl. W. Cunnigham: *Alien Immigrants to England*, London 1897, S. 122, 142

8 F. Babinger: »Maometto II il Conquistatore e l'Italia« in *Rivista Storica Italiana*, 63 (1951), S. 469–502

9 F. Moryson: *Itinerary*, hg. von C. Hughes, London 1903, S. 419

10 R. Boyle: *Works*, London 1772, Bd. VI, S. 287 f.

11 J. Needham: *Science and Civilization in China*, Cambridge 1954 ff., Bd. III, S. 154 f.

12 Über die Verbreitung der Uhren vgl. E. Zinner: *Die ältesten Räderuhren und modernen Sonnenuhren*, Bamberg 1939, S. 26 ff. und ders.: *Deutsche und niederländische astronomische Instrumente des 11. bis 18. Jahrhunderts*, München 1956, S. 14 ff.

13 Flamma: »Opusculum« in Muratori: *Rerum Italicarum Scriptores,*
    Bd. XI, Sp. 1011; L. T. Belgrano: »Degli antichi orologi pubblici
    d'Italia con aggiunte e notizie della Posta in Genova« in *Archivio
    Storico Italiano,* VII (1868), S. 32 f.

14 E. Morpurgo: *Dizionario degli orologiai italiani,* Rom 1950, S. 157

15 J. Froissart: »Li Orloge Amoureuses« in *Œuvres de Froissart, Poésies,*
    hg. von A. Scheler, Brüssel, 1870–72, Bd. I, S. 53

16 S. Davari: »Notizie storiche intorno al pubblico orologio di Man-
    tova« in *Atti e Memorie della R. Accademia Virgiliana di Mantova,*
    1884, S. 220

17 E. Vial; C. Côte: *Les Horlogers Lyonnais de 1550 à 1650,* Lyon 1927, S. 4

18 L. Reverchon: *Petite histoire de l'Horlogerie,* Besançon o. J., S. 62

19 Vial, a.a.O., S. 2 Anm. 5

20 Fillet: »Les horloges publiques dans le Sud-Est de la France« in
    *Bulletin Archéologique du Comité des Travaux Historiques et Sienti-
    fiques,* XX (1902), S. 104 f.

21 Ch. Sandoz: *Les Horloges et les maîtres horlogers à Besançon du XVᵉ
    siècle à la Révolution Française,* Besançon 1905, S. 32

22 A. Ungerer: *L'Horloge astronomique de la Cathédrale de Strasbourg,*
    Straßburg 1922, S. 8 f.

23 A. Rubbiani: »L'orologio del comune di Bologna e la sfera del 1451«
    in *Atti e Memorie della R. Deputazione die Storia Patria per le Province
    di Romagna,* Serie 3, XXVI (1908), S. 349–366. Diese Anordnung war
    vor allem deshalb bemerkenswert, weil auch noch zwei Jahrhun-
    derte nach den Entdeckungen des Kopernikus in der Regel das
    »ptolemäische« System für die astronomischen Anzeigen auf Uh-
    ren verwendet wurde.

24 Aus »Le songe du Vieil Pèlerin adressant ou Blanc Foucon à bec et
    pieds dorés« von Philippe de Maizières, dem Ratgeber König Karls V.
    von Frankreich, in *Histoire de l'Academie Royale des Inscriptions et
    Belles-Lettres,* 16 (1751), S. 227 f.

25 G. Dondi dall'Orologio: *Tractatus Astrarii,* hg. von A. Barzon,
    E. Morpurgo, A. Petrucci, G. Francescato (Codices ex ecclesiasticis
    Italiae Bibliothecis selecti, Bd. IX), Rom (Vatikanstadt) 1960

26 H. A. Lloyd: *Some Outstanding Clocks Over Seven Hundred Years
    1250–1950,* London 1958, S. 24. Vgl. auch ders.: *Giovanni de Dondi's
    Masterpiece of A. D. 1364,* London 1954

27 L. White: *Medieval Technology and Social Change,* Oxford 1963, S. 126

28 J. Labarte (Hg.): »Inventaire du mobilier de Charles V, roi de

France« in *Collection de Documents inédits sur l'histoire de France*, Ser. III, Paris 1879, S. 278 f.

29 Ch. de Pisan: »Le livre des faits et bonnes mœurs du sage Roy Charles V.« in *Nouvelle collection des Mémoirs pour servir à l'histoire de France*, Paris 1836, Bd. I, S. 609

30 H. Michel: »L'Horloge de Sapience et l'histoire de l'horlogerie« in *Physis*, II (1960), S. 297 f.

31 L. Douët-D'Arcq: *Comptes de l'hôtel des Rois de France au XIVe et XVe siècles*, Paris 1865, S. 388

32 H. von Bertele: »Precision Time-keeping in the Pre-Huygens Era« in *Horological Journal*, XCV (1953), S. 801

33 *Calendar of the Patent Rolls*, Edward III., 4. Mai 1368

34 Lloyd, a.a.O., S. 25

35 G. Vasari: *Leben der ausgezeichnetsten Maler, Bildhauer und Baumeister*, Stuttgart und Tübingen 1837, Bd. II, 2. Teil, S. 169

36 Morpurgo, a.a.O. S. 201–204; ders.: »Alcuni appunti sugli orologiai della Volpaia« in *Clessidra*, XV (September 1959), S. 23–26

37 L. Defossez: *Les savants du XVIIe et XVIIIe siècles*, Lausannes 1946, S. 54 f.

38 M. Daumas: *Les instruments scientifiques au XVVe et XVIIIe siècles*, Paris 1953, S. 155 ff.

39 J. Cary: *A Discourse on Trade and Other Matters Relative to it*, London 1745, S. 21

40 A. Babel: »Histoire corporative de l'horlogerie, de l'orfèvrerie et des industries annexes« in *Memoires et Documents publiés par la Société d'Histoire et d'Archéologie de Genève*, XXXIII, Genf 1916, S. 38 Anm. 1

41 Zum Beweis dafür, daß Peter Henlein der Erfinder der ersten Taschenuhr ist, bezog man sich auf eine Aussage von J. Cochlaeus aus dem Jahr 1512. Vgl. A. Gümbel: *Peter Henlein, der Erfinder der Taschenuhren*, Halle 1924. Von verschiedener Seite wird diese These noch aufrechterhalten, vgl. E. Zinner: *Aus der Frühzeit der Räderuhr von der Gewichtsuhr zur Federzugsuhr*, München 1954, S. 20–26. Von anderer Seite ist jedoch überzeugend nachgewiesen worden, daß bereits vor der Lebenszeit Henleins Taschenuhren hergestellt wurden. Vgl. L. Reverchon: *Petite histoire de l'Horlogerie*, Besançon o. J., S. 68 f.

42 T. Garzoni: *La Piazza Universale di tutte le professioni del mondo*, Venedig 1595, S. 625

43 Moryson, a.a.O., S. 372

44 E. Develle: *Les Horlogers Blésois au XVIᵉ et au XVIIᵉ siècle*, Blois 1917, S. 214, 224, 267, 287; R. P. Bourrriau: *Notes pour servir à l'histoire des horlogers à la Rochelle du XVIᵉ siècle au début du XVIIIᵉ siècle*, Besançon 1934, S. 15 f.

45 Babel, a.a.O., S. 419

46 F. J. Britten: *Old Clocks and Watches and their Makers*, neu hg. von G. H. Baillie, C. Clutton, C. A. Ilbert, New York 1956, S. 44 f.

47 *Calendar State Papers*, Domestic, James I., 127, 15. und 16. Januar 1622

48 S. E Atkins; W. H. Overall: *Some Account of the Worshipful Company of Clockmakers of the City of London*, London 1881, S. 2

49 K. Ullyet: *British Clocks and Clockmakers*, London 1947, S. 18

50 J. Savary: *Dictionnaire universel du commerce*, Kopenhagen 1761, Bd. III, Sp. 334

51 Ebd., Sp. 3742

52 A. Smith: *Eine Untersuchung über das Wesen und die Ursachen des Reichtums der Nationen*, übersetzt und eingeleitet von Peter Thal, Ostberlin 1976, Bd. I, S. 318

53 Savary, a.a.O., Bd. III, Sp. 329

54 E. Bavoux: *Voltaire à Ferney. Sa correspondance avec la duchesse de Saxe-Gotha*, Paris 1865

55 Savary a.a.O., Bd. III, Sp. 331

56 A. Franklin: *La vie privée d'autrefois*, Bd. IV: *La mesure du temps*, Paris 1888, S. 146 und: E. Gélis: *L'Horlogerie ancienne*, Paris 1949, S. 38

57 F. Griselini: *Dizionario delle arti e de' mestieri*, hg. von M. Fossadoni, Venedig 1771, Bd. XI, S. 4

58 C. R. Boxer: »The Portuguese in the East« in H. V. Livermore (Hg.): *Portugal and Brazil*, Oxford 1953, S. 192 und 214

59 H. J. Van Linschoten: *The Voyage to the East Indies*, (hg. von A. C. Burnell und P. A. Tiele), London 1885, Bd. I, S. 10

60 F. Carletti: »Ragionamenti del mio viaggio intorno al mondo« in *Viaggiatori del Seicento*, Turin 1976; H. B. Morse: *The Chronicles of the East India Company Trading to China 1635–1834*, Cambridge, Mass. 1926, Bd. I, S. 8, 307–313

61 Ebd., S. 67

62 K. M. Panikkar: *Asia and Western Dominance*, London 1961, S. 53

63 Morse, a.a.O., S. 109

64 J. Cary: *A discourse on trade and other matters relative to it*, London 1745, S. 34

65 L. D'Elia: *Fonti Ricciane*, Rom, 1942/49, Bd. I, S. 33

66 Ebd., S. 161–167

67 Ebd., S. 192

68 D'Elia, a.a.O., Bd. II, S. 120–128

69 P. Pelliot: Rezension zu A. Chapuis: *La Montre Chinoise*, in *T'oung Pao*, Reihe 2, Bd. XX (1920/21), S. 66

70 S. Harcourt-Smith: *A catalogue of various clocks, watches, automata and other miscellaneous objects of European workmanship dating from the XVIIIth and the early XIXth centuries in the Palace Museum and the Wu Ying Tien, Peiping*, Peking 1933, S. 1

71 Carletti, a.a.O., S. 189

72 D'Elia, a.a.O., Bd. I, S. 42

73 M. Chiang: *Tides from the West*, New Haven 1947, S. 34

74 *Ssu-K'u ch'üan-shu t'i-yao*, Bd. LV, Tze-pu, Abt. 7, S. 5

75 L. Pfister: *Notices biographiques et bibliographiques sur le Jésuites de l'ancienne mission de Chine*, Shanghai 1932, S. 914

76 A.E.Van Braam: *An Authentic Account of the Embassy of the Dutch East India Company*, London 1798, Bd. II, S. 47 f.

77 J.C.L. De Guignes: *Voyages à Peking, Manille e l'Ile de France*, Paris 1808, Bd. I, S. 425

78 C. Abel: *Narrative of a Journey in the Interior of China (1816–17)*, London 1818, S. 82 Anm.

79 J. Barrow: *Travels in China*, London 1804, S. 231

80 J.B. Duhalde: *The general history of China*, London 1741, Bd. II, S. 302

81 L. Dermigny: *La Chine et l'Occident: le commerce à Canton au XVIIIᵉ siècle, 1719–1833*, Paris 1964, Bd. III, S. 1239 f. Anm. 1

82 P. Osbeck: *Voyage to China and the East Indies*, London 1771, Bd. I, S. 236

83 Pfister, a.a.O., S. 914

84 Dermigny, a.a.O., Bd. III, S. 1239

85 Van Braam, a.a.O., Bd. II, S. 212 f.

86 Barrow, a.a.O., S. 306

87 M. Prodan: *Chinese Art*, New York 1958, S. 26

88 J. Nieuhoff: *An Embassy to China (1655)*, London 1669, S. 166

Bildnachweis

S.9: Johannes de Monteregio (Regiomontanus), *Epytoma in almagestu ptolemei*, Venedig 1496; S.10: Conservatoire National des Arts et Métiers, Paris; S.17: P. Apian, *Instrument Buch*, Ingolstadt 1533; S.22: Metropolitan Museum of Art, New York; S.23: Musée d'horlogerie, Chateau de Monts; S.47, 68 und 84: Musée international d'horlogerie, Le Chaux de-Fonds; S.25: Colnaghi Ltd, London; S.27: Johannes Hevelius, *Machina Coelestis*, Danzig, 1673; S.33: J.P. Voit, *Die verschiedenen Handwerke*, um 1780; S.37: F. Bertoud, *Histoire de la Mesure du Temps*, Tome I, Paris 1802; S.38, 106, 110: Archiv Deutsches Uhrenmuseum, Furtwangen/Landesbildstelle Baden, Karlsruhe; S.39: *Ree's Clocks, Watches and Chronometers*. 1819–20; S.44, 103: Bayerisches Nationalmuseum, München; S. 46, 52: Handschrift aus der Bibliothek des Eton College, Windsor; S.53: Kunsthistorisches Museum, Wien; S.55, 65: Staatlicher Mathematisch-Physikalischer Salon, Dresdner Zwinger; S.57: Heinrich Seuse, *Horologium Sapientae*, um 1549; S.59: Biblioteca Estense, Modena; S. 60: Stradamus, *Nova Reperta*, um 1580; S. 62: Bibliothèque Nationale, Paris; S.64: Nationalbibliothek, Wien; S.66: Deutsches Museum, München; S.67, 108: Science Museum, London; S.71: Städtische Kunstsammlungen, Augsburg; S.76: J. H. Martens, *Atlas zur Beschreibung der Hemmungen der höheren Uhrmacherkunst*, 1857; S.79: Germanisches Nationalmuseum, Nürnberg; S.87: Johannes Matthias Schröckh, *Allgemeine Weltgeschichte für Kinder*, Leipzig 1779–84; S.91: Bayerische Staatsbibliothek, München; S.96, 99: Palastmuseum Peking; S. 102: Walter Ryf, *Der... mathematischen und mechanischen Künst eygentlicher Bericht*, Nürnberg 1547; S.109: Historisches Museum, Basel; S.113: Sammlung Wuppertaler Uhrenmuseum. Alle übrigen Abbildungen: Archiv Verlag Klaus Wagenbach.

GESCHICHTE UND LEBENSART

CARLO M. CIPOLLA

Die Odyssee des spanischen Silbers
Conquistadores, Piraten, Kaufleute

Wie die gewaltigen Goldschätze der Azteken und Inkas und die 45 000 Tonnen Silber, die die spanischen Conquistadores in den neuen Kolonien raubten, in Europa zu Geld gemacht wurden und den Handel durcheinanderbrachten: der italienische Wirtschaftshistoriker Cipolla hat für sein neuestes Buch ein besonders wüstes Kapitel in der Geschichte des Geldes gewählt.

Aus dem Italienischen von Friederike Hausmann
Leinen. 128 Seiten mit zahlreichen Abbildungen

CARLO M. CIPOLLA

Geld-Abenteuer
Extra vagante Geschichten aus dem europäischen Wirtschaftsleben

Das liebe Geld und seine besondere Faszination. Kuriositäten aus den Anfängen des europäischen Wirtschaftslebens, erzählt von einem Historiker internationalen Ranges.

Aus dem Italienischen von Friederike Hausmann
SVLTO. Rotes Leinen. 96 Seiten

ROBERT DARNTON

Glänzende Geschäfte
Die Verbreitung von Diderots Encyclopédie oder:
Wie verkauft man Wissen mit Gewinn?

Die Geschichte eines der umfangreichsten und spektakulärsten Geschäfte, das je mit einem Buchprojekt verbunden war.
»Darnton liest sich wie ein suspensreicher Wirtschafts- und Spekulantenkrimi.« Kurt Oesterle, SÜDDEUTSCHE ZEITUNG

Aus dem Englischen und Französischen von Horst Günther
Gebunden. 368 Seiten mit zahlreichen Abbildungen

ALFRED SOHN-RETHEL

Das Geld, die bare Münze des Apriori

Der folgenreiche Essay des großen Sozialphilosophen über die prekäre Rolle des Geldes als Vermittler zwischen Sein und Bewußtsein.

Mit einem Vorwort von Jochen Hörisch

KKB 27. 80 Seiten

JACQUES LE GOFF

Reims, Krönungsstadt

Reims ist der deutsch-französische Gedächtnisort: von Chlodwig über Ludwig XIV., die Beschädigung der Kathedrale durch deutsche Artillerie im Ersten Weltkrieg bis hin zu den Staatsakten der Gegenwart. Jacques Le Goff, der führende französische Historiker, erzählt die Geschichte der Stadt und ihrer Kathedrale.

»Man sollte es beim Ausflug nach Reims dabei haben.«

Volker Reinhardt, FRANKFURTER RUNDSCHAU

Aus dem Französischen von Bernd Schwibs

KKB 58. 112 Seiten mit vielen Abbildungen

TORQUATO ACCETTO

Von der ehrenwerten Verhehlung

Wie schön ist die Wahrheit, wie notwendig die Verheimlichung und warum ist der Zorn ihr Feind? Wie man Schmähungen mißachtet, wie es die Kunst des Verbergens zwischen Liebenden geben kann und warum die Verhehlung eine Arznei ist.

Accettos Ratschläge aus der frühen Neuzeit, in 25 kurzen, vergnüglich zu lesenden Kapiteln, gehören zum Handwerk einer klugen Lebensführung.

Mit einem Vorwort von Giorgio Manganelli
und Erläuterungen von Salvatore S. Nigro
Aus dem Italienischen von Marianne Schneider

KKB 52. 104 Seiten mit den Holzschnitten der Originalausgabe

Verlag Klaus Wagenbach   Berlin

Lesen Sie weiter
in Wagenbachs *anderen* Taschenbüchern

Franz Kafka   *Eine Chronik*
Die erste vollständige und zuverlässige Chronik zu Leben und Werk
Kafkas: Was Sie schon immer über den berühmten Mann aus Prag wis-
sen wollten.
Zusammengestellt von Roger Hermes, Waltraud John,
Hans-Gerd Koch und Anita Widera
WAT 338. 192 Seiten mit zahlreichen Abbildungen

FRIEDERIKE HAUSMANN   Garibaldi
Die Geschichte eines Abenteurers, der Italien zur Einheit verhalf
Der Abenteurer, Freiheitskämpfer und Frauenheld Giuseppe Garibaldi
(1807–1882) ist bis heute die faszinierendste Gestalt des Risorgimento,
der Bewegung für die Einheit Italiens.
»Ein gut formuliertes und leicht zu lesendes Buch.«
Henning Klüver,   DIE ZEIT
WAT 335. 192 Seiten mit vielen Abbildungen

PIERRE VILAR   Spanien
Das Land und seine Geschichte von den Anfängen bis heute, geschrie-
ben von einem »der maßgeblichsten Hispanisten dieses Jahrhunderts«.
Martin Baumeister, FAZ
Aus dem Französischen von Wolfgang Kaiser
WAT 309. 192 Seiten

VITO FUMAGALLI   Wenn der Himmel sich verdunkelt
Lebensgefühl im Mittelalter
Ein kurzes und anschauliches Buch über die Gefühle der Menschen im
Mittelalter, ihre Lebensumstände und ihre Vorstellungen von der Welt.
»Fumagallis Verdienst ist eine Anschaulichkeit, die Lust auf mehr
Mittelalter macht.«   Gustav Seibt, FAZ
Aus dem Italienischen von Renate Heimbucher
WAT 332. 112 Seiten

KLAUS VÖLKER
Faust. Ein deutscher Mann
Die Geburt einer Legende und ihr Fortleben in den Köpfen

Das Lesebuch über einen deutschen Mythos zwischen Wirtshaus, Hölle und Katheder.

»Ein handliches Buch: Bildungsgeschichte einmal ganz anders.«
DER TAGESSPIEGEL
WAT 331. 208 Seiten mit Abbildungen

ALESSANDRO CONTI
Der Weg des Künstlers
Vom Handwerker zum Virtuosen

Die Geschichte des Künstlers vom schlecht bezahlten Handwerker zum unabhängigen Freischaffenden: über den jahrhundertelangen Weg der Überwindung eines Dienstverhältnisses.

»Eine Reise voller Überraschungen durch sieben Jahrhunderte italienischer Kunstgeschichte, in Gesellschaft eines höchst gelehrten, neugierigen und lebhaften Cicerone.« CARLO GINZBURG
Aus dem Italienischen von Heinz-Georg Held
WAT 328. 192 Seiten mit vielen Abbildungen

Wie Geschichte geschrieben wird
*Mit Beiträgen von Fernand Braudel, Natalie Zemon Davis,
Lucien Febvre, Carlo Ginzburg, Jacques Le Goff, Reinhart Koselleck,
Arnaldo Momigliano*

Internationale Historiker schildern ihren Beruf und ihre Berufung. Dies ist ein Band für jeden, der historische Wissenschaft studieren oder verstehen will.

»Sehr lesenswert: Grundprobleme der Geschichtsschreibung.«
Ines Stahlmann, DER TAGESSPIEGEL
WAT 326. 128 Seiten mit Abbildungen

Wenn Sie mehr über den Verlag und seine Bücher wissen möchten, schreiben Sie uns eine Postkarte. Wir schicken Ihnen gern die *ZWIEBEL*, unseren Westentaschenalmanach mit Lesetexten aus den Büchern, Fotos und Nachrichten aus dem Verlagskontor. Kostenlos, auf Lebenszeit!

Verlag Klaus Wagenbach, Ahornstraße 4, 10787 Berlin